필수 중학 영단어 2

교과서가
보이는
40일
완성

중2
핵심어휘
1000
단어

구성 및 특징

- **중학 영단어 1**   예비중학생~중1 수준에 적합한 어휘서로, 초등 필수 어휘 및
중1 교과서 어휘 **1,000개** 수록

- **중학 영단어 2**   중1~중2 수준에 적합한 어휘서로, 중2 교과서 어휘 **1,000개** 수록

- **중학 영단어 3**   중2~중3(예비고) 수준에 적합한 어휘서로, 중3 교과서 어휘 및
고교 필수 어휘 **800개** 수록

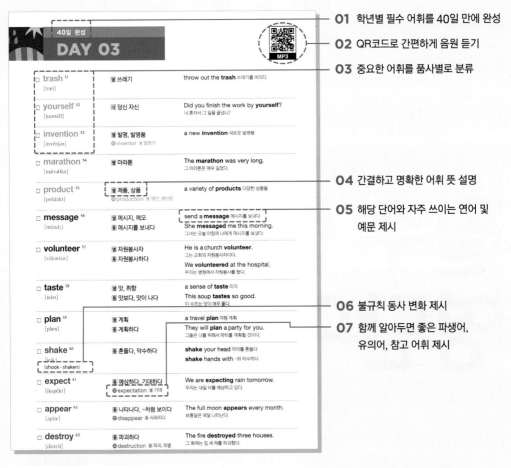

01 학년별 필수 어휘를 40일 만에 완성

02 QR코드로 간편하게 음원 듣기

03 중요한 어휘를 품사별로 분류

04 간결하고 명확한 어휘 뜻 설명

05 해당 단어와 자주 쓰이는 연어 및
예문 제시

06 불규칙 동사 변화 제시

07 함께 알아두면 좋은 파생어,
유의어, 참고 어휘 제시

08 필수 접두사/접미사, 유의어의 의미 차이,
broken English 등 어휘 실력을 한 단계
더 향상시킬 수 있는 다양한 추가 정보 제시

2

EXERCISE

정답 pp.170~175

A 빈칸에 알맞은 단어를 보기에서 골라 쓰세요. (형태 변경 가능)

since	plan	regularly	expect

1 What is your _____ for the weekend?

2 My parents _____ me to clean my room.

3 We visit the dentist _____.

4 We have missed him _____ he left.

B 빈칸에 알맞은 말을 넣어 어구를 완성하세요.

1 an important _____ (중요한 메시지)

2 _____ to pick up (주워야 할 쓰레기)

3 _____ something beautiful (아름다운 것을 상상하다)

4 an _____ record (국제 공인 기록)

5 a rule _____ exception (예외 없는 규칙)

C 우리말을 참고하여 문장 속에 알맞은 말을 써 넣으세요.

1 Supermarkets sell many different _____.
(슈퍼마켓에서는 많은 다양한 제품들을 판매한다.)

2 Her parents will be very _____ of her.
(그녀의 부모님은 그녀를 매우 자랑스러워할 것이다.)

3 This is my _____ place to hide. (이곳이 내가 숨는 비밀 장소이다.)

4 Flying cars will be our next _____.
(하늘을 나는 자동차가 우리의 다음 발명품이 될 것이다.)

5 Studying English is like a _____. It takes time to master.
(영어 공부는 마라톤과 같다. 정복하려면 시간이 걸린다.)

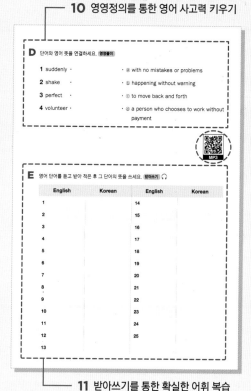

D 단어와 영어 뜻을 연결하세요. [영영풀이]

1 suddenly ·   · ⓐ with no mistakes or problems

2 shake ·   · ⓑ happening without warning

3 perfect ·   · ⓒ to move back and forth

4 volunteer ·   · ⓓ a person who chooses to work without payment

E 영어 단어를 듣고 받아 적은 후 그 단어의 뜻을 쓰세요. [받아쓰기] 🎧

English	Korean		English	Korean
1			14	
2			15	
3			16	
4			17	
5			18	
6			19	
7			20	
8			21	
9			22	
10			23	
11			24	
12			25	
13				

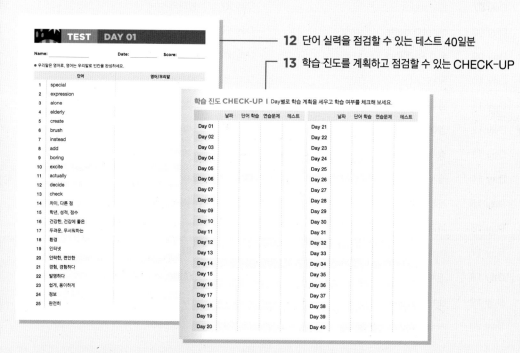

TEST   DAY 01

Name: _____   Date: _____   Score: _____

● 우리말은 영어로, 영어는 우리말로 빈칸을 완성하세요.

	단어	영어/우리말
1	special	
2	expression	
3	alone	
4	elderly	
5	create	
6	brush	
7	instead	
8	add	
9	boring	
10	excite	
11	actually	
12	decide	
13	check	
14	차이, 다른 점	
15	학년, 성적, 점수	
16	건강한, 건강에 좋은	
17	두려운, 무서워하는	
18	환경	
19	인터넷	
20	안락한, 편안한	
21	경험, 경험하다	
22	발명하다	
23	쉽게, 용이하게	
24	정보	
25	완전히	

학습 진도 CHECK-UP ｜ Day별로 학습 계획을 세우고 학습 여부를 체크해 보세요.

	날짜	단어 학습	연습문제	테스트		날짜	단어 학습	연습문제	테스트
Day 01					Day 21				
Day 02					Day 22				
Day 03					Day 23				
Day 04					Day 24				
Day 05					Day 25				
Day 06					Day 26				
Day 07					Day 27				
Day 08					Day 28				
Day 09					Day 29				
Day 10					Day 30				
Day 11					Day 31				
Day 12					Day 32				
Day 13					Day 33				
Day 14					Day 34				
Day 15					Day 35				
Day 16					Day 36				
Day 17					Day 37				
Day 18					Day 38				
Day 19					Day 39				
Day 20					Day 40				

CONTENTS

VOCA UP

Day 01	형용사 (-ed와 -ing)	Day 21	양보의 접속사
Day 02	철자가 비슷한 raise와 rise	Day 22	ch의 다양한 발음
Day 03	감각동사 + 형용사	Day 23	반대의 dis-
Day 04	동사 mind	Day 24	-less
Day 05	take care의 다양한 뜻	Day 25	exactly
Day 06	여러 가지 oil	Day 26	hardly
Day 07	동사 work	Day 27	반대의 im-
Day 08	quiet와 quite	Day 28	-er과 -ee
Day 09	동사 + -(t)ion	Day 29	mean과 means
Day 10	동사 put	Day 30	사칙연산
Day 11	영어로 분수 읽는 법	Day 31	-age
Day 12	영어로 숫자 읽는 법	Day 32	-ive
Day 13	명사 + -ship	Day 33	-able
Day 14	품사에 따라 강세가 달라지는 단어	Day 34	senior
Day 15	동서남북	Day 35	복수형으로 쓰는 명사
Day 16	과거형 만들기 (2음절 강세)	Day 36	명사 + -free
Day 17	result + 전치사	Day 37	발음이 되지 않는 철자
Day 18	신체 부위 + -ache	Day 38	value, price, cost
Day 19	un- + 형용사	Day 39	-proof
Day 20	서술어로만 쓰이는 형용사	Day 40	succeed

권장 학습 방법과 학습 진도 CHECK-UP

권장 학습 방법

1. 먼저 그날 배울 어휘 25개를 훑어보고 모르는 단어에 표시하세요.
2. 이때 mp3를 이용해 단어의 발음도 함께 들으세요.
3. 각 단어와 뜻을 확인한 후 예문과 연어를 통해 쓰임을 익히세요.
4. 학습한 단어를 되도록 쓰면서 외우세요.
5. 연습문제로 확인한 후, Test로 최종 점검을 하세요.

학습 진도 CHECK-UP ㅣ Day별로 학습 계획을 세우고 학습 여부를 체크해 보세요.

	날짜	단어 학습	연습문제	테스트			날짜	단어 학습	연습문제	테스트
Day 01						Day 21				
Day 02						Day 22				
Day 03						Day 23				
Day 04						Day 24				
Day 05						Day 25				
Day 06						Day 26				
Day 07						Day 27				
Day 08						Day 28				
Day 09						Day 29				
Day 10						Day 30				
Day 11						Day 31				
Day 12						Day 32				
Day 13						Day 33				
Day 14						Day 34				
Day 15						Day 35				
Day 16						Day 36				
Day 17						Day 37				
Day 18						Day 38				
Day 19						Day 39				
Day 20						Day 40				

품사

명사	명	사람, 장소, 사물의 이름 예) lesson 수업 pencil 연필 arm 팔
대명사	대	명사를 대신하여 쓰는 말 예) they 그(것)들 it 그것 you 너
동사	동	동작이나 상태 등을 나타내는 말 예) bring 가져오다 practice 연습하다 learn 배우다
형용사	형	상태, 성질, 모양, 크기, 수량을 나타내는 말 예) different 다른 big 큰 sick 아픈
부사	부	시간, 장소, 이유, 방법 등을 나타내는 말 예) early 일찍 together 함께 here 여기에
전치사	전	명사 앞에 쓰여 시간, 장소, 방향 등을 나타내는 말 예) in ~ 안에 to ~에게, ~로 with ~와 함께
접속사	접	단어와 단어, 문장과 문장을 이어주는 말 예) and 그리고 but 그러나 when ~할 때
감탄사	감	놀람, 충격 등의 감정을 표현하는 말

약호

파생어	파	해당 단어에서 파생된 말
유의어	유	해당 단어와 비슷하게 사용되는 말
반의어	반	해당 단어와 반대 뜻을 가진 말
참고	참	해당 단어와 관련하여 참고하면 좋은 표현
복수형	복	명사의 복수형
약어	약	명사를 줄여 쓰는 말

DAY
01-40

MP3

☐ **difference** [1]
[dífərəns]
명 차이, 다른 점
⑪ different 형 다른, 차이가 있는
make a big **difference**
큰 차이가 생기다

☐ **environment** [2]
[inváiərənmənt]
명 환경
a clean **environment** 깨끗한 환경

☐ **Internet** [3]
[íntəːrnèt]
명 인터넷
surf the **Internet** 인터넷을 검색하다

☐ **expression** [4]
[ikspréʃən]
명 표현, 표정
⑪ express 동 표현하다, 나타내다
angry **expression** 화난 표정

☐ **information** [5]
[ìnfərméiʃən]
명 정보
more **information** 더 많은 정보

☐ **grade** [6]
[greid]
명 학년
명 성적, 점수
He is in the sixth **grade** at school.
그는 학교에서 6학년이다.
get a good **grade** on the test
시험에서 좋은 성적을 받다

☐ **brush** [7]
[brʌʃ]
명 빗, 솔
동 닦다, 빗다
a clothes **brush** 옷솔
brush your hair 머리를 빗다

☐ **experience** [8]
[ikspíəriəns]
명 경험
동 경험하다
a great **experience** 멋진 경험
experience good and bad times
좋은 시절과 나쁜 시절을 겪다

☐ **check** [9]
[tʃek]
동 확인하다, 점검하다
check (out) your spelling
철자를 점검하다

☐ **decide** [10]
[disáid]
동 결정하다, 결심하다
⑪ decision 명 결정
decide to buy a new house
새 집을 사기로 결정하다

☐ **excite** [11]
[iksáit]
동 흥분시키다
⑪ excitement 명 흥분
Loud music **excites** me very much.
시끄러운 음악은 나를 매우 흥분시킨다.

☐ **invent** [12]
[invént]
동 발명하다
⑪ invention 명 발명품
Who **invented** the telephone?
누가 전화기를 발명했는가?

☐ **create** [13]
[kriéit]
동 만들어 내다, 창조하다
⑪ creation 명 창조, 제작
create new stories
새로운 이야기를 만들어 내다

□ **add** [14] [æd]	동 더하다 ㉾ addition 명 추가, 덧셈	**add** up all the numbers from 1 to 100 1부터 100까지 모든 숫자를 더하다
□ **boring** [15] [bɔ́ːriŋ]	형 지루한, 따분한 ㉾ bored 형 지루해하는	This book is really **boring**. 이 책은 정말 지루하다.
□ **healthy** [16] [hélθi]	형 건강한, 건강에 좋은	stay **healthy** 건강을 유지하다
□ **afraid** [17] [əfréid]	형 두려운, 무서워하는	be **afraid** of spiders 거미를 무서워하다
□ **comfortable** [18] [kʌ́mfərtəbl]	형 안락한, 편안한	a **comfortable** couch 안락한 소파
□ **elderly** [19] [éldərli]	형 연세가 드신 ㉾ the elderly 노인들	**elderly** people 노인들
□ **special** [20] [spéʃəl]	형 특별한 명 특별한 것, 특별요리	a **special** cake for you 당신을 위한 특별한 케이크 The burger is the lunch **special**. 이 햄버거는 점심 특별요리이다.
□ **instead** [21] [instéd]	부 대신에	go swimming **instead** of hiking 하이킹 대신 수영을 가다
□ **actually** [22] [ǽktʃuəli]	부 사실은, 실제로	**Actually** she's a doctor, not a nurse. 사실 그녀는 간호사가 아니고 의사이다.
□ **alone** [23] [əlóun]	부 혼자, 단독으로 형 외로운	I live **alone**. 나는 혼자 산다. She felt **alone**. 그녀는 외로움을 느꼈다.
□ **easily** [24] [íːzili]	부 쉽게, 용이하게 ㉾ easy 형 쉬운, 용이한	We **easily** finished our homework. 우리는 숙제를 쉽게 끝냈다.
□ **completely** [25] [kəmplíːtli]	부 완전히	We got **completely** wet. 우리는 완전히 젖었다.

Voca Up　　　**형용사 (-ed와 -ing)**

excite나 bore 같이 감정을 나타내는 단어들은 감정을 느끼는 주체가 주어가 될 때는 -ed형으로, 감정 상태를 제공하는 주체가 주어가 될 때는 -ing형으로 쓴다.

EX. The party was **exciting**. (파티는 신났다.) / We were **excited** at the party. (우리는 파티로 신이 났다.)
The class was **boring**. (수업은 따분했다.) / The students were **bored**. (학생들은 따분해했다.)

EXERCISE

정답 pp.170~175

A 빈칸에 알맞은 단어를 보기에서 골라 쓰세요. (형태 변경 가능)

alone	decide	elderly	check

1 These seats are reserved for _____ people.

2 I don't live _____. I live with my parents.

3 Did you _____ what you want?

4 _____ out my new sweater!

B 빈칸에 알맞은 말을 넣어 어구를 완성하세요.

1 a _____ room (안락한 방)

2 a passing _____ (합격 점수)

3 _____ my teeth (이를 닦다)

4 facial _____ (얼굴 표정)

5 understand _____ (완전히 이해하다)

C 우리말을 참고하여 문장 속에 알맞은 말을 써 넣으세요.

1 This is not a safe _____ for children.
(이것은 아이들에게 안전한 환경이 아니다.)

2 Eat a lot of vegetables and fruits if you want to _____
_____. (건강을 유지하고 싶다면 채소와 과일을 많이 먹어라.)

3 This is the most _____ film I've ever seen.
(이 영화는 내가 여태껏 본 영화 중 가장 지루한 영화이다.)

4 Never give up so _____. (절대로 그렇게 쉽게 포기하지 마라.)

5 She's not _____ _____ anything.
(그녀는 아무것도 두려워하지 않는다.)

10

D 단어와 영어 뜻을 연결하세요. 영영풀이

1 creative ·   · ⓐ in fact

2 Internet ·   · ⓑ without much effort

3 actually ·   · ⓒ good at making something new

4 easily   ·   · ⓓ the global system of connected
                                           computer networks

E 영어 단어를 듣고 받아 적은 후 그 단어의 뜻을 쓰세요. 받아쓰기 🎧

English	Korean	English	Korean
1		14	
2		15	
3		16	
4		17	
5		18	
6		19	
7		20	
8		21	
9		22	
10		23	
11		24	
12		25	
13			

□ **second** 26
[sékənd]
- 명 (시간) 초
- 형 두 번째의

Just wait ten **seconds**. 10초만 기다려.
He won **second** prize. 그는 2등상을 받았다.

□ **time** 27
[taim]
- 명 시간
- 숙 take one's time
  천천히 하다

What **time** is it now?
지금 몇 시야?

□ **subject** 28
[sʌ́bdʒikt, sʌ́bdʒekt]
- 명 과목
- 명 주제

His favorite **subject** is English.
그가 가장 좋아하는 과목은 영어다.
What is the **subject** of this book?
이 책의 주제는 무엇이니?

□ **weight** 29
[weit]
- 명 무게, 체중

gain[lose] **weight** 체중이 늘다[줄다]

□ **project** 30
[prɑ́dʒekt]
- 명 사업, 계획

The company has many **projects**.
그 회사는 많은 사업 계획이 있다.

□ **raise** 31
[reiz]
- 명 인상
- 동 올리다, 들어올리다

I asked my boss for a **raise**.
나는 사장에게 월급 인상을 요구했다.
I **raised** my hand in class. 나는 수업시간에 손을 들었다.

□ **share** 32
[ʃɛər]
- 명 주식, 지분
- 동 공유하다, 나누다

company **shares** 회사 주식
share the room with ~와 방을 공유하다

□ **touch** 33
[tʌtʃ]
- 명 접촉, 연락
- 동 만지다, 닿다

Let's keep in **touch**. 계속 연락하자.
She is **touching** a puppy. 그녀가 강아지를 만지고 있다.

□ **wonder** 34
[wʌ́ndər]
- 명 경이로움, 불가사의
- 동 궁금하다

the Seven **Wonders** of the World 세계 7대 불가사의
I **wonder** what's for dinner.
나는 저녁 메뉴가 무엇일지 궁금하다.

□ **stay** 35
[stei]
- 명 체류
- 동 머무르다

a nice **stay** in London 런던에서의 멋진 체류
stay at a hotel 호텔에 머무르다

□ **prepare** 36
[pripɛ́ər]
- 동 준비하다
- 파 preparation 명 준비

We **prepared** for the test.
우리는 시험 준비를 했다.

□ **spend** 37
[spend]
- 동 (시간·돈을) 쓰다

I **spent** all my money. 나는 돈을 다 써 버렸다.

□ **upset** 38
[ʌpsét]
- 동 뒤엎다, 속상하게 하다
- 형 화난, 기분 나쁜

Don't **upset** her. 그녀의 기분을 상하게 하지 마.
You look **upset**. 너 기분이 안 좋아 보여.

☐ **solve** [39] [sɑlv]	图 해결하다, 풀다 @ solution 명 해결책	Can you **solve** this riddle? 이 수수께끼를 풀 수 있니?
☐ **creative** [40] [kriéitiv]	톙 창의적인, 창조적인	**creative** designers 창의적인 디자이너들
☐ **useful** [41] [júːsfəl]	톙 유용한, 쓸모 있는 @ useless 톙 쓸모 없는	Do something **useful**. 유용한 일을 하라.
☐ **possible** [42] [pɑ́səbl]	톙 가능한, 할 수 있는 @ impossible 톙 불가능한	Anything is **possible** if you try hard. 열심히 노력한다면 무슨 일이든 가능하다.
☐ **strange** [43] [streindʒ]	톙 이상한, 낯선	I saw a **strange** man on the street. 나는 길에서 이상한 사람을 보았다.
☐ **present** [44] [préznt]	톙 참석한 @ absent 톙 결석한, 불참한 명 현재, 선물	The CEO was **present** at the meeting. 최고경영자가 회의에 참석했다. Think about the **present**, not the past. 과거가 아니라 현재를 생각하라.
☐ **terrible** [45] [térəbl]	톙 끔찍한, 무서운 @ terribly 閠 끔찍하게, 무섭게	I have a **terrible** headache. 나는 끔찍한 두통이 있다.
☐ **twice** [46] [twais]	閠 두 번, 두 배로	I went to Spain **twice**. 나는 스페인에 두 번 갔다.
☐ **still** [47] [stil]	閠 아직도, 여전히 톙 가만히 있는	It's **still** raining. 여전히 비가 내리고 있다. Please sit **still**. 가만히 앉아 계세요.
☐ **especially** [48] [ispéʃəli]	閠 특히, 특별히	It's cold in Canada, **especially** in winter. 캐나다는 특히 겨울에 춥다.
☐ **slowly** [49] [slóuli]	閠 느리게, 천천히	walk **slowly** down the street 거리를 천천히 걷다
☐ **through** [50] [θruː]	젠 ~을 통하여	jump **through** the open window 열린 창문을 통해 뛰어내리다

Voca Up　　　**철자가 비슷한 raise와 rise**

raise는 '~을 올리다'라는 뜻으로 목적어가 필요하고, rise는 '~이 오르다'라는 뜻으로 목적어가 필요 없다.

EX. He **raised** his left hand. (그는 왼손을 들었다.)
　　 Smells are **rising** from the basement. (지하실에서 냄새가 올라오고 있다.)

EXERCISE

정답 pp.170~175

A 빈칸에 알맞은 단어를 보기에서 골라 쓰세요. (형태 변경 가능)

> creative   upset   strange   wonder

1 You look _____. Is something wrong?

2 They are very _____ designers.

3 I _____ if he's coming.

4 Everything in this room looks _____.

B 빈칸에 알맞은 말을 넣어 어구를 완성하세요.

1 lose _____ (살을 빼다)

2 _____ my vacation (방학을 보내다)

3 _____ for the test (시험을 준비하다)

4 _____ the problem (문제를 풀다)

5 a _____ book (유용한 책)

C 우리말을 참고하여 문장 속에 알맞은 말을 써 넣으세요.

1 Go slowly and _____ your _____.
(시간을 갖고 천천히 가세요.)

2 I _____ my hand in class. (나는 수업시간에 손을 들었다.)

3 Who will win _____ prize? (누가 2등상을 받을 것인가?)

4 It's _____ raining. (여전히 비가 내리고 있다.)

5 I don't want to _____ my room _____ my sister.
(난 여동생과 내 방을 같이 쓰고 싶지 않다.)

D 단어와 영어 뜻을 연결하세요. 영영풀이

1 prepare ·   · ⓐ unusual or unfamiliar

2 strange ·   · ⓑ a piece of work

3 project ·   · ⓒ to find an answer or a solution

4 solve ·   · ⓓ to make ready

E 영어 단어를 듣고 받아 적은 후 그 단어의 뜻을 쓰세요. 받아쓰기 🎧

English	Korean	English	Korean
1		14	
2		15	
3		16	
4		17	
5		18	
6		19	
7		20	
8		21	
9		22	
10		23	
11		24	
12		25	
13			

DAY 03

☐ **trash** 51
[træʃ]
몡 쓰레기
throw out the **trash** 쓰레기를 버리다

☐ **yourself** 52
[juərsélf]
때 당신 자신
Did you finish the work by **yourself**?
너 혼자서 그 일을 끝냈니?

☐ **invention** 53
[invénʃən]
몡 발명, 발명품
invention 몡 발명가
a new **invention** 새로운 발명품

☐ **marathon** 54
[mǽrəθɑ̀n]
몡 마라톤
The **marathon** was very long.
그 마라톤은 매우 길었다.

☐ **product** 55
[prɑ́dəkt]
몡 제품, 상품
production 몡 생산, 생산량
a variety of **products** 다양한 상품들

☐ **message** 56
[mésidʒ]
몡 메시지, 메모
동 메시지를 보내다
send a **message** 메시지를 보내다
She **messaged** me this morning.
그녀는 오늘 아침에 나에게 메시지를 보냈다.

☐ **volunteer** 57
[vɑ̀ləntíər]
몡 자원봉사자
동 자원봉사하다
He is a church **volunteer**.
그는 교회의 자원봉사자이다.
We **volunteered** at the hospital.
우리는 병원에서 자원봉사를 했다.

☐ **taste** 58
[teist]
몡 맛, 취향
동 맛보다, 맛이 나다
a sense of **taste** 미각
This soup **tastes** so good.
이 수프는 맛이 매우 좋다.

☐ **plan** 59
[plæn]
몡 계획
동 계획하다
a travel **plan** 여행 계획
They will **plan** a party for you.
그들은 너를 위해서 파티를 계획할 것이다.

☐ **shake** 60
[ʃeik]
(shook - shaken)
동 흔들다, 악수하다
shake your head 머리를 흔들다
shake hands with ~와 악수하다

☐ **expect** 61
[ikspékt]
동 예상하다, 기대하다
expectation 몡 기대
We are **expecting** rain tomorrow.
우리는 내일 비를 예상하고 있다.

☐ **appear** 62
[əpíər]
동 나타나다, ~처럼 보이다
disappear 동 사라지다
The full moon **appears** every month.
보름달은 매달 나타난다.

☐ **destroy** 63
[distrɔ́i]
동 파괴하다
destruction 몡 파괴, 파멸
The fire **destroyed** three houses.
그 화재는 집 세 채를 파괴했다.

☐ **imagine** 64 [imǽdʒin]	통 상상하다, 생각하다 **파** imagination 명 상상력, 상상	She **imagined** her life in the future. 그녀는 미래의 삶을 상상해 보았다.	
☐ **perfect** 65 [pə́:rfikt]	형 완벽한 **파** perfectly 부 완벽하게	**perfect** weather 완벽한 날씨	
☐ **secret** 66 [síːkrit]	형 숨겨진, 비밀의 명 비밀	a **secret** room in my house 우리 집에 있는 숨겨진 방 I have a **secret** to tell you. 나는 너에게 말할 비밀이 있어.	
☐ **helpful** 67 [hélpfəl]	형 도움이 되는	Your advice was **helpful**. 네 충고는 도움이 되었어.	
☐ **international** 68 [ìntərnǽʃənəl]	형 국제적인	an **international** hotel 국제적인 호텔	
☐ **proud** 69 [praud]	형 자랑스러운, 뿌듯한 **파** proudly 부 자랑스럽게	His parents are **proud** of him. 그의 부모님은 그를 자랑스러워하신다.	
☐ **real** 70 [ríːəl]	형 실제의, 진짜의 **파** really 부 실제로	My **real** name is James. 제 진짜 이름은 James입니다.	
☐ **once** 71 [wʌns]	부 한 번 접 ~하기만 하면, ~하자마자	**once** a week 일주일에 한 번 **Once** you arrive, we will go. 네가 도착하기만 하면, 우리는 갈 것이다.	
☐ **regularly** 72 [régjələrli]	부 정기적으로, 규칙적으로	She goes to a doctor **regularly**. 그녀는 정기적으로 의사를 보러 간다.	
☐ **suddenly** 73 [sʌ́dnli]	부 갑자기	The cat jumped up **suddenly**. 고양이가 갑자기 뛰어올랐다.	
☐ **since** 74 [sins]	전 ~ 이후로, ~부터 접 ~ 이후로, ~이기 때문에	I have been sick **since** Monday. 난 월요일부터 계속 아팠다. I haven't seen her **since** she left. 나는 그녀가 떠난 이후로, 그녀를 보지 못했다.	
☐ **without** 75 [wiðáut]	전 ~ 없이	**without** your help 너의 도움 없이	

Voca Up 　감각동사 + 형용사

taste와 같이 감각을 나타내는 동사들(feel, look, smell)은 형용사와 함께 쓴다.

EX. She **felt** sad. (그녀는 슬픔을 느꼈다.)

The cake **looks** delicious. (그 케이크는 맛있어 보인다.)

The steak **smells** nice. (그 스테이크는 좋은 냄새가 난다.)

EXERCISE

정답 pp.170~175

A 빈칸에 알맞은 단어를 보기에서 골라 쓰세요. (형태 변경 가능)

> since   plan   regularly   expect

1 What is your _____ for the weekend?

2 My parents _____ me to clean my room.

3 We visit the dentist _____.

4 We have missed him _____ he left.

B 빈칸에 알맞은 말을 넣어 어구를 완성하세요.

1 an important _____ (중요한 메시지)

2 _____ to pick up (주워야 할 쓰레기)

3 _____ something beautiful (아름다운 것을 상상하다)

4 an _____ record (국제 공인 기록)

5 a rule _____ exception (예외 없는 규칙)

C 우리말을 참고하여 문장 속에 알맞은 말을 써 넣으세요.

1 Supermarkets sell many different _____.
(슈퍼마켓에서는 많은 다양한 제품들을 판매한다.)

2 Her parents will be very _____ of her.
(그녀의 부모님은 그녀를 매우 자랑스러워할 것이다.)

3 This is my _____ place to hide. (이곳이 내가 숨는 비밀 장소이다.)

4 Flying cars will be our next _____.
(하늘을 나는 자동차가 우리의 다음 발명품이 될 것이다.)

5 Studying English is like a _____. It takes time to master.
(영어 공부는 마라톤과 같다. 정복하려면 시간이 걸린다.)

D 단어와 영어 뜻을 연결하세요. 영영풀이

1 suddenly ·   · ⓐ with no mistakes or problems

2 shake ·   · ⓑ happening without warning

3 perfect ·   · ⓒ to move back and forth

4 volunteer ·   · ⓓ a person who chooses to work without
                             payment

E 영어 단어를 듣고 받아 적은 후 그 단어의 뜻을 쓰세요. 받아쓰기 🎧

English	Korean	English	Korean
1		14	
2		15	
3		16	
4		17	
5		18	
6		19	
7		20	
8		21	
9		22	
10		23	
11		24	
12		25	
13			

MP3

☐ **solution** 76 [səljú:ʃən]	명 해결책 ⑪ solve 동 해결하다	We need a **solution**. 우리는 해결책이 필요하다.
☐ **teenager** 77 [tí:nèidʒər]	명 십 대	I was happy as a **teenager**. 나는 십 대일 때 행복했다.
☐ **conversation** 78 [kànvərséiʃən]	명 대화	have a **conversation** 대화를 하다
☐ **effort** 79 [éfərt]	명 노력	make an **effort** 노력을 하다
☐ **himself** 80 [himsélf]	대 그 자신	He talks to **himself**. 그는 혼잣말을 한다.
☐ **order** 81 [ɔ́:rdər]	명 주문 동 주문하다	The waiter forgot my **order**. 그 종업원은 내 주문을 잊었다. I **ordered** steak and fries. 난 스테이크와 감자튀김을 주문했다.
☐ **surprise** 82 [sərpráiz]	명 놀람, 놀라운 일 동 놀라게 하다	Their marriage was a great **surprise**. 그들의 결혼 소식은 정말 놀라운 일이었다. The news **surprised** us. 그 소식은 우리를 놀라게 했다.
☐ **match** 83 [mætʃ]	명 경기 명 성냥 동 어울리다	a sports **match** 운동 경기 light a **match** 성냥불을 붙이다 This jacket **matches** my jeans very well. 이 재킷은 내 데님바지와 아주 잘 어울린다.
☐ **mind** 84 [maind]	명 마음, 정신 동 꺼리다, 싫어하다	The professor has a great **mind**. 교수님은 훌륭한 정신을 가지고 계시다. Do you **mind** if I sit here? 제가 여기 앉아도 괜찮을까요?
☐ **point** 85 [pɔint]	명 요점, 점 동 지적하다, 가리키다	the **point** to remember 기억해야 할 점 He **pointed** at the boys with his fingers. 그는 손가락으로 소년들을 가리켰다.
☐ **press** 86 [pres]	명 신문, 언론 동 누르다	The **press** reported on the story. 언론이 그 이야기를 보도하였다. **press** the button 버튼을 누르다
☐ **record** 87 명 [rékərd] 동 [rikɔ́:rd]	명 기록 동 기록하다, 녹음하다	He broke the world **record**. 그는 세계 기록을 깨뜨렸다. I **recorded** my voice on tape. 나는 내 목소리를 테이프에 녹음했다.
☐ **respect** 88 [rispékt]	명 존중, 존경 동 존중하다, 존경하다	We give our teacher a lot of **respect**. 우리는 선생님을 많이 존경한다. You should **respect** him. 너는 그를 존경해야 한다.

□ **rest** 89 [rest]	명 휴식 명 나머지 동 휴식을 취하다	take a **rest** 휴식을 취하다 the **rest** of my life 나의 남은 생 Some animals **rest** in the day. 어떤 동물은 낮에 휴식을 취한다.
□ **stick** 90 [stik]	명 막대기, 스틱 동 붙이다 파 sticky 형 끈적한	a hockey **stick** 하키 스틱 **stick** the paper with glue 풀로 종이를 붙이다
□ **bow** 91 명 [bou] 동 [bau]	명 나비넥타이 명 활 동 (머리 숙여) 인사하다	tie a **bow** 나비넥타이를 매다 a violin **bow** 바이올린 활 **bow** to the audience 청중에게 인사하다
□ **offer** 92 [ɔ́(ː)fər]	명 제안, 제공 동 제안하다	a job **offer** 일자리 제안 He **offered** to help me with my work. 그는 나의 일을 돕겠다고 제안했다.
□ **shout** 93 [ʃaut]	동 외치다, 소리 지르다	The coach **shouted** at us. 코치는 우리에게 소리 질렀다.
□ **focus** 94 [fóukəs]	동 집중하다	**focus** on the work 일에 집중하다
□ **mention** 95 [ménʃən]	동 언급하다, 말하다	Don't **mention** it. 그런 말 마세요.
□ **regular** 96 [régjulər]	형 규칙적인 파 regularly 부 규칙적으로	**Regular** exercise is very important. 규칙적인 운동은 매우 중요하다.
□ **ancient** 97 [éinʃənt]	형 고대의 반 modern 형 현대의	an **ancient** temple 고대의 사원
□ **common** 98 [kámən]	형 흔한, 보통의	the **common** people 보통 사람들
□ **curious** 99 [kjú(ː)əriəs]	형 호기심이 많은 파 curiosity 명 호기심	Cats are **curious** animals. 고양이는 호기심이 많은 동물이다.
□ **relative** 100 [rélətiv]	형 상대적인, 비교적인 명 친척 파 relatively 부 상대적으로	Wealth is **relative**. 부는 상대적이다. He met his **relatives** on the weekend. 그는 주말에 친척들을 만났다.

Voca Up	동사 mind

mind를 사용해서 허락을 구하는 질문에는 긍정의 답으로 No라고 한다.
EX. Do you **mind** if I join you? (제가 합류해도 될까요?)
No, not at all. / Of course not. (네, 앉으세요.)

EXERCISE

정답 pp.170~175

A 빈칸에 알맞은 단어를 보기에서 골라 쓰세요. (형태 변경 가능)

| offer | focus | surprise | conversation |

1 We had a good _____ about our hobbies.

2 Let's _____ on our homework now.

3 I will _____ to help my friends.

4 The news is a _____ to us.

B 빈칸에 알맞은 말을 넣어 어구를 완성하세요.

1 make an _____ (노력하다)

2 _____ sense (상식)

3 _____ tradition (고대의 전통)

4 show the teacher _____ (선생님께 존경을 나타내다)

5 _____ to the customers (고객들에게 머리 숙여 인사하다)

C 우리말을 참고하여 문장 속에 알맞은 말을 써 넣으세요.

1 The band _____ a new song. (그 밴드는 새로운 노래를 녹음했다.)

2 I don't want to miss the final _____.
(나는 결승전을 놓치고 싶지 않다.)

3 Do you _____ if I open the window? (제가 창문을 열어도 괜찮을까요?)

4 Take a good _____ and you'll feel better.
(푹 쉬고 나면 기분이 좋아질 거야.)

5 Do not _____ in the hospital. (병원에서 소리 지르지 마세요.)

D 단어와 영어 뜻을 연결하세요. 영영풀이

1 relative ·

· ⓐ a person in your family

2 order ·

· ⓑ a small, thin piece of wood or plastic

3 stick ·

· ⓒ to ask for something from a business

4 teenager ·

· ⓓ a person between the ages of 13 and 19

E 영어 단어를 듣고 받아 적은 후 그 단어의 뜻을 쓰세요. 받아쓰기

English	Korean	English	Korean
1		14	
2		15	
3		16	
4		17	
5		18	
6		19	
7		20	
8		21	
9		22	
10		23	
11		24	
12		25	
13			

MP3

□ **opinion** 101 [əpínjən]	명 의견, 견해	My father has strong **opinions**. 나의 아버지는 강한 의견을 가지고 있다.
□ **speech** 102 [spiːtʃ]	명 연설, 담화	The mayor gave a great **speech**. 그 시장은 훌륭한 연설을 했다.
□ **danger** 103 [déindʒər]	명 위험 ⓓ dangerous 형 위험한	Your life is in **danger**. 네 목숨이 위험해.
□ **elevator** 104 [éləvèitər]	명 엘리베이터, 승강기	take the **elevator** 승강기를 타다
□ **goal** 105 [goul]	명 목표 명 골	my **goal** in life 내 인생의 목표 He scored a **goal**. 그가 골을 넣었다.
□ **herself** 106 [həːrsélf]	대 그녀 자신[스스로]	She cleaned the car **herself**. 그녀는 스스로 차를 닦았다.
□ **meaning** 107 [míːniŋ]	명 의미, 뜻 ⓓ mean 동 의미하다	the **meaning** of this word 이 단어의 뜻
□ **while** 108 [hwail]	명 잠시, 잠깐 접 ~ 동안에	It takes a **while**. 시간이 잠깐 걸린다. I cooked dinner **while** he cleaned. 그가 청소하는 동안에 나는 저녁 준비를 했다.
□ **step** 109 [step]	명 계단 명 단계	climb up the **steps** 계단을 올라가다 a **step** toward my degree 내 학위를 따기 위한 단계
□ **rule** 110 [ruːl]	명 규칙, 법칙 동 통치하다, 지배하다	follow the **rules** 규칙을 따르다 The king **rules** the country. 왕이 그 나라를 통치한다.
□ **amount** 111 [əmáunt]	명 금액, 양 동 (양·금액이) ~에 달하다	a small **amount** 소량 Expenses **amounted** to 300 dollars. 비용이 300달러에 달했다.
□ **block** 112 [blɑk]	명 덩어리 명 구역 동 막다, 차단하다	a **block** of cheese 치즈 한 덩어리 a city **block** 도시 구역 **block** the street 거리를 막다
□ **care** 113 [kɛər]	명 보살핌, 돌봄 동 관심을 가지다	Take **care** of your parents. 네 부모님을 보살펴라. I **care** about the environment a lot. 나는 환경에 관심이 많다.

☐ **cause** 114 [kɔːz]	몡 원인 툉 일으키다, 야기하다	the **cause** of the problems 문제들의 원인 It can **cause** you to vomit. 그것은 구토를 일으킬 수 있다.
☐ **excuse** 115 몡 [ikskjúːs] 툉 [ikskjúːz]	몡 변명, 핑계 툉 용서하다, 변명하다	I made an **excuse** for being late. 난 지각에 대해 변명을 둘러댔다. Please **excuse** my sister. 제 동생을 용서하세요.
☐ **interest** 116 [íntərəst]	몡 관심, 이자 툉 관심을 끌다	He has no **interest** in you. 그는 너한테 관심이 없다. The movie didn't **interest** me. 그 영화는 내 관심을 끌지 못했다.
☐ **several** 117 [sévərəl]	혱 몇몇의, 여러 가지의	I met **several** people yesterday. 나는 어제 몇몇 사람을 만났다.
☐ **simple** 118 [símpl]	혱 간단한, 단순한 빤complex 혱복잡한	a **simple** way to fix your bike 네 자전거를 고치는 간단한 방법
☐ **sleepy** 119 [slíːpi]	혱 졸리는, 잠이 오는 윤drowsy	You seem **sleepy** today. 너 오늘 졸려 보인다.
☐ **smart** 120 [smɑːrt]	혱 영리한, 똑똑한 빤stupid, silly 혱 어리석은	He is a **smart** kid. 그는 영리한 아이다.
☐ **actual** 121 [ǽktʃuəl]	혱 실제의, 사실상의 팽actually 붸 실제로	What is his **actual** job? 그의 실제 직업은 무엇인가요?
☐ **sure** 122 [ʃuər]	혱 확신하는, 확실한 빤unsure 혱 확신하지 못하는	Are you **sure** this is the right house? 당신은 이 집이 맞다고 확신하나요?
☐ **such** 123 [sətʃ]	혱 그러한, 그렇게 쑥such as ~와 같은	You should avoid **such** rude people. 당신은 그렇게 무례한 사람들을 피해야만 한다.
☐ **backward** 124 [bǽkwərd]	붸 뒤쪽으로 빤forward 붸 앞쪽으로	He's walking **backward**. 그는 뒤로 걷고 있다.
☐ **according to** 125 [əkɔ́ːrdiŋ tə]	젼 ~에 의하면, ~에 따르면	**according to** the weather forecast 일기 예보에 의하면

Voca Up　　　**take care의 다양한 뜻**

1. She is **taking care** of her baby. (그녀는 아기를 돌보고 있다.)
2. I will **take care** of the cost. (비용은 내가 처리할게.)
3. **Take care!** (잘 지내!)
4. She **took care** to lose weight. (그녀는 살을 빼려고 신경 썼다.)

25

EXERCISE

정답 pp.170~175

A 빈칸에 알맞은 단어를 보기에서 골라 쓰세요. (형태 변경 가능)

> herself   care   simple   according to

1 I want a _____ answer. Yes, or no?

2 _____ the guidebook, there is a museum here.

3 She made her lunch _____.

4 I _____ about poor children.

B 빈칸에 알맞은 말을 넣어 어구를 완성하세요.

1 the _____ of this paragraph (이 문단의 뜻)

2 make a poor _____ (구차한 변명을 둘러대다)

3 take the _____ (승강기를 타다)

4 climb up the _____s (계단을 올라가다)

5 a final _____ (최종 목표)

C 우리말을 참고하여 문장 속에 알맞은 말을 써 넣으세요.

1 He has a small _____ problem. (그는 연설에 약간의 문제가 있다.)

2 She sneaked out _____ I was on the phone.
(내가 전화하는 동안에 그녀는 몰래 빠져나갔다.)

3 He may _____ trouble. (그는 문제를 일으킬지도 몰라.)

4 I don't need _____ a large house. (나는 그렇게 큰 집이 필요 없다.)

5 We still have _____ things to discuss.
(우리는 아직도 토론해야 할 몇 가지가 있다.)

D 단어와 영어 뜻을 연결하세요. 영영풀이

1 smart   ·   · ⓐ ready to fall asleep

2 backward ·   · ⓑ pointing or moving back

3 sleepy   ·   · ⓒ something that can hurt or kill

4 danger   ·   · ⓓ clever; not stupid

E 영어 단어를 듣고 받아 적은 후 그 단어의 뜻을 쓰세요. 받아쓰기 🎧

English	Korean	English	Korean
1		14	
2		15	
3		16	
4		17	
5		18	
6		19	
7		20	
8		21	
9		22	
10		23	
11		24	
12		25	
13			

MP3

□ **model** 126 [mádl]	몡 모델 몡 모형	She is a famous **model**. 그녀는 유명한 모델이다. lego **model** 레고 모형
□ **notebook** 127 [nóutbùk]	몡 노트북, 공책	bring a **notebook** 공책을 가져오다
□ **oil** 128 [ɔil]	몡 석유, 기름	Italian food uses a lot of **oil**. 이태리 음식은 기름을 많이 사용한다.
□ **performance** 129 [pərfɔ́:rməns]	몡 공연 몡 성과, 수행 ⓤ perform 통 공연하다	The **performance** starts at nine. 공연은 9시에 시작한다. strong **performance** 좋은 성과
□ **pleasure** 130 [pléʒər]	몡 즐거움, 기쁨 ⓤ pleased 혱 기쁜	It's a **pleasure** to meet you. 만나서 반갑습니다.
□ **president** 131 [prézidənt]	몡 대통령 ⓐ vice president 몡 부통령	The **president** won the election. 대통령이 선거에서 승리했다.
□ **prize** 132 [praiz]	몡 상, 상금	He won first **prize**. 그는 일등상을 수상했다.
□ **puzzle** 133 [pázl]	몡 퍼즐, 수수께끼	solve a **puzzle** 퍼즐을 풀다
□ **recipe** 134 [résəpì:]	몡 요리법	a good **recipe** for tomato soup 훌륭한 토마토 수프 요리법
□ **reporter** 135 [ripɔ́:rtər]	몡 기자, 리포터 ⓤ report 통 보고하다, 보도하다	I'm a **reporter** for a newspaper. 나는 신문 기자이다.
□ **rhythm** 136 [ríðm]	몡 리듬, 박자	I like the **rhythm** of this song. 나는 이 노래의 리듬이 좋다.
□ **shower** 137 [ʃáuər]	몡 샤워 몡 소나기	take a **shower** 샤워를 하다 be caught in a **shower** 소나기를 만나다
□ **situation** 138 [sìtʃuéiʃən]	몡 상황	What would you do in my **situation**? 내 상황이라면 너는 어떻게 하겠어?

☐ **stair** 139 [stɛər]	명 계단	climb the **stairs** 계단을 오르다
☐ **post** 140 [poust]	명 우편, 우편물 명 지위, 직	by **post** 우편으로 a government **post** 정부 직책
☐ **mistake** 141 [mistéik] (mistook - mistaken)	명 실수, 잘못 동 잘못 알다, 착각하다	make a **mistake** 실수를 하다 We always **mistake** him for his twin brother. 우리는 그를 항상 그의 쌍둥이 형으로 착각한다.
☐ **notice** 142 [nóutis]	명 공지, 게시 동 알아차리다	without **notice** 공지 없이 He didn't **notice** my new hair. 그는 내 새로운 머리모양을 알아차리지 못했다.
☐ **object** 143 명 [ábdʒikt] 동 [əbdʒékt]	명 물건, 목적 동 반대하다	full of interesting **objects** 흥미로운 물건으로 가득한 I **object** to your opinion. 나는 너의 의견에 반대한다.
☐ **score** 144 [skɔːr]	명 점수 동 점수를 얻다	a high **score** 높은 점수 **score** a goal 골을 득점하다
☐ **sign** 145 [sain]	명 표지판 명 징후, 조짐 동 서명하다	a street **sign** 거리 표지판 no **sign** of snow 눈이 올 조짐 없음 He **signed** the contract. 그는 계약서에 서명했다.
☐ **lend** 146 [lend] (lent - lent)	동 빌려주다 반 borrow 빌리다	Banks **lend** money to people. 은행은 사람들에게 돈을 빌려준다.
☐ **protect** 147 [prətékt]	동 보호하다 파 protection 명 보호	A hat **protects** you from the sun. 모자가 햇빛으로부터 당신을 보호해 준다.
☐ **reach** 148 [riːtʃ]	동 도달하다, 손을 뻗다	I **reached** out and grabbed it. 나는 손을 뻗어서 그것을 잡았다.
☐ **reduce** 149 [ridjúːs]	동 줄이다, 감소시키다 파 reduction 명 감소	**reduce** energy use 에너지 사용을 줄이다
☐ **seem** 150 [siːm]	동 ~처럼 보이다, ~인 것 같다	She **seems** very happy. 그녀는 매우 행복해 보인다. The weather **seems** to be nice today. 오늘 날씨는 좋은 것 같다.

Voca Up   **여러 가지 oil**

oil은 여러 가지 종류의 기름에 모두 쓰일 수 있다. 예를 들어 olive oil, vegetable oil 같은 식용 기름, lavender oil 같은 미용 오일, 자동차에 넣는 oil 등으로 다양하게 사용된다. 단, 주유소를 나타낼 때는 oil station이 아닌 gas station임에 주의하자.

EXERCISE

정답 pp.170~175

A 빈칸에 알맞은 단어를 보기에서 골라 쓰세요. (형태 변경 가능)

post	object	president	sign

1 The _____ gave an excellent speech.

2 I _____ to the new plans.

3 He was assigned a government _____.

4 He drove past the stop _____.

B 빈칸에 알맞은 말을 넣어 어구를 완성하세요.

1 a _____ that is hard to cook (요리하기 힘든 요리법)

2 a young _____ (젊은 모델)

3 _____ us from the yellow dust (황사로부터 우리를 보호하다)

4 _____ that we don't want to miss (놓치고 싶지 않은 공연)

5 a dead-end _____ (막다른 상황)

C 우리말을 참고하여 문장 속에 알맞은 말을 써 넣으세요.

1 Don't forget to bring your _____ to class.
(수업에 공책을 가지고 오는 것을 잊지 말아라.)

2 Do you _____ anything different about me?
(나한테 뭔가 달라진 것을 알아차릴 수 있겠니?)

3 We won't _____ home before midnight.
(우리는 자정 전에는 집에 올 수 없을 거예요.)

4 Sorry _____ to be the hardest word to say.
(미안하다는 말이 가장 힘든 말인 것 같다.)

5 We need to _____ the electricity we use.
(우리는 사용하는 전기량을 줄일 필요가 있다.)

D 단어와 영어 뜻을 연결하세요. 영영풀이

1 shower •
2 notice •
3 lend •
4 pleasure •

• ⓐ to discover or see for the first time
• ⓑ washing yourself under running water
• ⓒ a good feeling of happiness or comfort
• ⓓ to give something for a short time

E 영어 단어를 듣고 받아 적은 후 그 단어의 뜻을 쓰세요. 받아쓰기 🎧

MP3

English	Korean	English	Korean
1		14	
2		15	
3		16	
4		17	
5		18	
6		19	
7		20	
8		21	
9		22	
10		23	
11		24	
12		25	
13			

□ **style** 151 [stail]	명 스타일, 방식	fashion **style** 패션 스타일
□ **themselves** 152 [ðəmsélvz]	대 그들 자신	They taught **themselves** taekwondo. 그들은 그들 자신에게 태권도를 가르쳤다.
□ **tradition** 153 [trədíʃən]	명 전통, 관습 파 traditonal 형 전통의, 관습의	My family has many Christmas **traditions**. 우리 가족은 많은 크리스마스 전통을 가지고 있다.
□ **voice** 154 [vɔis]	명 목소리	What a lovely **voice**! 얼마나 사랑스러운 목소리인가!
□ **accident** 155 [ǽksidənt]	명 사건, 사고 파 accidental 형 우연한	We were in a car **accident**. 우리는 자동차 사고를 당했다.
□ **advertisement** 156 [ædvərtáizmənt]	명 광고 파 advertise 동 광고하다	laundry detergent **advertisement** 세탁 세제 광고
□ **area** 157 [ɛ́əriə]	명 지역, 구역	a large **area** of land 큰 구역의 토지
□ **astronaut** 158 [ǽstrənɔ̀:t]	명 우주 비행사	Is it hard to be an **astronaut**? 우주 비행사가 되기는 어려운가요?
□ **behavior** 159 [bihéivjər]	명 행동, 행실 파 behave 동 처신하다, 행동하다	Your **behavior** is not acceptable. 네 행동은 용납할 수 없다.
□ **century** 160 [séntʃəri]	명 세기, 100년	He was born last **century**. 그는 지난 세기에 태어났다.
□ **wind** 161 [wind]	명 바람, 강풍 파 windy 형 바람이 많이 부는	The **wind** blows. 바람이 분다.
□ **challenge** 162 [tʃǽlindʒ]	명 도전	a physical **challenge** 체력적인 도전
□ **trouble** 163 [trʌ́bl]	명 문제, 곤란	She's in big **trouble**. 그녀는 큰 문제에 처해 있다.
□ **balance** 164 [bǽləns]	명 균형 명 잔고	lose your **balance** 균형을 잃다 **balance** of my bank account 내 통장 잔고

□ **train** [165] [trein]	명 기차, 열차 동 훈련하다	We caught the last **train** home. 우리는 집으로 가는 마지막 기차를 잡았다. The players **trained** hard all year. 선수들은 일 년 내내 열심히 훈련했다.
□ **work** [166] [wəːrk]	명 일, 직장 동 일하다	She took the bus to **work**. 그녀는 버스를 타고 출근했다. He will **work** late. 그는 늦게까지 일할 것이다.
□ **turn** [167] [təːrn]	명 차례, 순서 동 돌다, 돌리다, 변하다	Is it your **turn**, or mine? 이번이 네 차례야, 내 차례야? **turn** around slowly 천천히 돌다 **turn** the computer on[off] 컴퓨터를 켜다[끄다]
□ **waste** [168] [weist]	명 낭비, 쓰레기 동 낭비하다, 버리다	a **waste** of time and money 시간과 돈의 낭비 Don't **waste** time doing nothing. 아무것도 하지 않은 채 시간을 낭비하지 마라.
□ **wish** [169] [wiʃ]	명 소원 동 바라다, 소원하다	make a **wish** 소원을 빌다 She **wishes** to be an actress. 그녀는 배우가 되기를 바란다.
□ **throw** [170] [θrou] (threw - thrown)	동 던지다	**throw** a ball 공을 던지다 **throw** the garbage away 쓰레기를 버리다
□ **bother** [171] [báðər]	동 괴롭히다, 신경 쓰다	Don't **bother** me with your problems. 네 문제로 날 괴롭히지 마.
□ **celebrate** [172] [séləbrèit]	동 축하하다 파 celebration 명 축하	**celebrate** your birthday 너의 생일을 축하하다
□ **born** [173] [bɔːrn]	형 태어난	My father was **born** in 1963. 나의 아버지는 1963년에 태어나셨다.
□ **broken** [174] [bróukən]	형 부러진, 깨진	The window was badly **broken**. 유리창이 심하게 깨졌다.
□ **calm** [175] [kɑːm]	형 차분한, 조용한 동 진정시키다	a **calm** sea 잔잔한 바다 **Calm** down. 진정하세요.

Voca Up	동사 work

work는 뒤에 오는 말에 따라 여러 가지의 다른 의미로 쓰인다. 또한, 계획이나 방법 등이 '잘 되다, 성공적이다'라는 뜻으로도 쓰인다.

EX. work for ~(회사 이름)에서 일하다   work at ~(장소)에서 일하다
work on (어떤 기획안을 가지고) 작업하다   work out 운동하다
If my plan **works**, we will make money. (내 계획이 잘 되면, 우리는 돈을 벌 것이다.)

EXERCISE

정답 pp.170~175

A 빈칸에 알맞은 단어를 보기에서 골라 쓰세요. (형태 변경 가능)

broken	area	behavior	calm

1 The window was _____ in the storm.

2 The weather was _____ and clear.

3 We live in the same _____ of the city.

4 I can't stand her _____ any more.

B 빈칸에 알맞은 말을 넣어 어구를 완성하세요.

1 great _____ (멋진 스타일)

2 Korean _____ (한국 전통)

3 _____ to be a singer (가수가 되려고 태어난)

4 _____ his new job (그의 새로운 직장을 축하하다)

5 Do not _____. (신경 쓰지 마세요.)

C 우리말을 참고하여 문장 속에 알맞은 말을 써 넣으세요.

1 The _____ of this restaurant is very colorful.
(이 식당 광고는 매우 화려하다.)

2 He _____ the _____ as hard as he could.
(그는 할 수 있는 한 가장 세게 공을 던졌다.)

3 I saw a _____ _____ this morning.
(나는 오늘 아침에 자동차 사고를 보았다.)

4 _____ me luck. (내게 행운을 빌어 줘.)

5 The players _____ hard all year. (선수들은 일 년 내내 열심히 훈련했다.)

D 단어와 영어 뜻을 연결하세요. 영영풀이

1 century   ·
2 astronaut ·
3 waste   ·
4 voice   ·

· ⓐ the sound of talking or singing
· ⓑ a hundred years
· ⓒ to throw away something useful
· ⓓ a person who travels in space

E 영어 단어를 듣고 받아 적은 후 그 단어의 뜻을 쓰세요. 받아쓰기 🎧

English	Korean	English	Korean
1		14	
2		15	
3		16	
4		17	
5		18	
6		19	
7		20	
8		21	
9		22	
10		23	
11		24	
12		25	
13			

MP3

☐ **cloth** 176
[klɔ:θ]
명 천, 옷감
⊕ clothes 명 옷
These shirts are made of fine **cloth**.
이 셔츠들은 좋은 천으로 만들어진다.

☐ **code** 177
[koud]
명 규정
명 암호
명 코드
a dress **code** 복장 규정
a computer **code** 컴퓨터 암호
QR **codes** QR 코드

☐ **community** 178
[kəmjú:nəti]
명 사회, 공동체
a local **community** 지역 공동체

☐ **condition** 179
[kəndíʃən]
명 상황
명 조건
be in a terrible **condition** 끔찍한 상황에 처하다
the **conditions** of the contract 계약 조건

☐ **December** 180
[disémbər]
명 12월
December is the last month of the year.
12월은 1년의 마지막 달이다.

☐ **dialogue** 181
[dáiəlɔ̀(:)g]
명 대화
a funny **dialogue** 재미있는 대화

☐ **director** 182
[diréktər]
명 관리자, 감독
⊕ direct 동 ~로 향하다, 지도하다
the company's **director** 회사의 관리자

☐ **meter** 183
[mí:tər]
명 미터
명 계량기
They ran 100 **meters**. 그들은 100미터를 달렸다.
parking **meter** 주차 계량기

☐ **favor** 184
[féivər]
명 호의, 부탁
do me a **favor** 내 부탁을 들어 주다

☐ **hundred** 185
[hʌ́ndrəd]
명 백, 100
⊕ hundreds of 수백의
He lived for a **hundred** years.
그는 100년 동안 살았다.

☐ **control** 186
[kəntróul]
명 지배, 통제
동 지배하다, 통제하다
traffic **control** 교통 통제
They **control** the media.
그들은 미디어를 통제한다.

☐ **guide** 187
[gaid]
명 안내하는 사람, 가이드
동 안내하다
a tour **guide** 여행 가이드
They will **guide** us around the city.
그들은 우리에게 도시를 안내할 것이다.

☐ **gain** 188
[gein]
명 이익, 증가
동 얻다, 증가하다
financial **gain** 재정적인 이익
gain respect 존경을 얻다

□ **hit** [189] [hit]	몝 히트	a **hit** song 히트 송
	몝 타격	a direct **hit** 직접적인 타격
	통 치다, 히트를 치다	**hit** the ball 공을 치다

| □ **communicate** [190] [kəmjúːnəkèit] | 통 의사소통하다 | **communicate** by cell phone |
| | ⓟ communication 몝 의사소통 | 휴대전화로 의사소통하다 |

| □ **compare** [191] [kəmpέər] | 통 비교하다 | **Compared** to his brother, Simon is much nicer. 그의 형과 비교해 볼 때, 사이먼은 훨씬 더 친절하다. |
| | ⓒ compare A with B A를 B와 비교하다 | |

| □ **congratulate** [192] [kəngrǽtʃulèit] | 통 축하하다 | **congratulate** him on his victory |
| | ⓟ congratulation 몝 축하 | 그의 승리를 축하하다 |

| □ **connect** [193] [kənékt] | 통 연결하다 | **connect** the pieces together |
| | ⓟ connection 몝 연결 | 조각들을 연결하다 |

| □ **continue** [194] [kəntínju(ː)] | 통 계속하다 | We **continued** to study. 우리는 계속 공부했다. |

| □ **decorate** [195] [dékərèit] | 통 장식하다 | **decorate** the bedroom 침실을 장식하다 |
| | ⓟ decoration 몝 장식 | |

| □ **colorful** [196] [kʌ́lərfəl] | 혭 다채로운, 화려한 | a **colorful** butterfly 화려한 색의 나비 |

| □ **complete** [197] [kəmplíːt] | 혭 완성된, 완전한 | a **complete** set 완전한 세트 |
| | 통 완료하다, 끝마치다 | **complete** the exam in an hour 한 시간 내에 시험을 끝마치다 |

| □ **following** [198] [fálouiŋ] | 혭 다음의 | the **following** information 다음 정보 |

| □ **normal** [199] [nɔ́ːrməl] | 혭 평범한, 일반적인 | a **normal** day at school 학교에서의 평범한 하루 |
| | ⓟ abnormal 혭 비정상적인, 일반적이지 않은 | |

| □ **quiet** [200] [kwáiət] | 혭 조용한 | The streets are **quiet** at night. |
| | ⓟ quietly 틧 조용하게 | 그 거리들은 밤에 조용하다. |

Voca Up　　　**quiet와 quite**

quiet는 '조용한'이라는 뜻의 형용사이고, quite는 '꽤, 상당히'라는 뜻의 부사다.

EX. He likes **quiet** music. (그는 조용한 음악을 좋아한다.)
　　 The room is **quite** large. (그 방은 상당히 크다.)

37

EXERCISE

정답 pp.170~175

A 빈칸에 알맞은 단어를 보기에서 골라 쓰세요. (형태 변경 가능)

| director | condition | code | continue |

1 The message is written in _____.

2 In your poor _____, you should rest.

3 They _____ to study all night.

4 The _____ was invited to the film festival.

B 빈칸에 알맞은 말을 넣어 어구를 완성하세요.

1 a soft _____ (부드러운 천)

2 the local _____ (지역 공동체)

3 _____ the Christmas tree (크리스마스 트리를 장식하다)

4 _____ a homerun (홈런을 치다)

5 _____ sincerely (진심으로 축하하다)

C 우리말을 참고하여 문장 속에 알맞은 말을 써 넣으세요.

1 Can you _____ me a _____? (내 부탁 좀 들어 줄래?)

2 _____ the sentences by filling out the blanks.
(빈칸을 채워서 문장을 완성하시오.)

3 We met the sweetest _____ in France.
(우리는 프랑스에서 가장 상냥한 가이드를 만났다.)

4 They _____ the traffic on the main road.
(그들은 주요 도로에서 교통을 통제한다.)

5 You seem to _____ weight over the holidays.
(너는 휴일동안 몸무게가 증가한 것 같다.)

D 단어와 영어 뜻을 연결하세요. 영영풀이

1 director   ·   · ⓐ a conversation between people

2 colorful   ·   · ⓑ someone in control

3 dialogue   ·   · ⓒ having many bright colors

4 December ·   · ⓓ the last month of a year

MP3

E 영어 단어를 듣고 받아 적은 후 그 단어의 뜻을 쓰세요. 받아쓰기 🎧

English	Korean	English	Korean
1		14	
2		15	
3		16	
4		17	
5		18	
6		19	
7		20	
8		21	
9		22	
10		23	
11		24	
12		25	
13			

MP3

☐ **documentary** 201 [dàkuméntəri]	명 다큐멘터리, 기록물 형 다큐멘터리의	watch a **documentary** 다큐멘터리를 보다 a **documentary** film 다큐멘터리 영화
☐ **grass** 202 [græs]	명 잔디, 풀	Cows love eating **grass**. 소들은 풀 먹는 것을 좋아한다.
☐ **habit** 203 [hǽbit]	명 습관, 버릇	I have many bad **habits**. 나는 나쁜 습관이 많이 있다.
☐ **metal** 204 [métl]	명 금속	made of **metal** 금속으로 만들어진
☐ **mobile phone** 205 [móubəl foun]	명 휴대전화	He bought a new **mobile phone**. 그는 새 휴대전화를 샀다.
☐ **movement** 206 [múːvmənt]	명 움직임, 운동 ⑪ move 동 움직이다	the **movement** of the human body 인체의 움직임
☐ **noise** 207 [nɔiz]	명 소음, 소란 ⑪ noisy 형 시끄러운	What is that **noise**? 저 소음은 뭐야? make a **noise** 시끄럽게 하다
☐ **owner** 208 [óunər]	명 주인, 소유자 ⑪ own 동 소유하다	the **owner** of the restaurant 식당 주인
☐ **pattern** 209 [pǽtərn]	명 패턴, 무늬	The carpet has an interesting **pattern**. 카페트에 재미있는 무늬가 있다.
☐ **pimple** 210 [pímpl]	명 여드름, 뽀루지	a **pimple** on my face 내 얼굴에 난 여드름
☐ **pot** 211 [pɑt]	명 냄비 명 화분	a **pot** of soup 수프 한 냄비 a flower **pot** 화분
☐ **race** 212 [reis]	명 경주 명 인종, 민족 ⑪ racial 형 인종의	a running **race** 달리기 경주 the human **race** 인종
☐ **scarf** 213 [skaːrf]	명 목도리, 스카프	Wear a **scarf** in winter. 겨울에는 목도리를 해라.

☐ **scene** 214 [si:n]	똉 장면 똉 현장	my favorite **scene** of the movie 그 영화에서 내가 가장 좋아하는 장면 the **scene** of a crime 범죄 현장
☐ **disappoint** 215 [dìsəpɔ́int]	통 실망시키다 ⑪ disappoinment 똉 실망	I don't want to **disappoint** you. 나는 너를 실망시키고 싶지 않다.
☐ **discover** 216 [diskʌ́vər]	통 발견하다 ⑪ discovery 똉 발견	Did Columbus **discover** America? 콜럼버스가 미대륙을 발견했나요?
☐ **divide** 217 [diváid]	통 나누다	**divide** the class into two groups 학급을 두 그룹으로 나누다
☐ **donate** 218 [dóuneit]	통 기부하다 ⑪ donation 똉 기부	**donate** money to charity 자선 단체에 돈을 기부하다
☐ **improve** 219 [imprúːv]	통 개선하다, 향상시키다 ⑪ improvement 똉 개선, 향상	You can **improve** your skill by practicing. 너는 연습을 통해 기술을 향상시킬 수 있다.
☐ **like** 220 [laik]	통 좋아하다 젼 ~와 같은	They really **like** rock music. 그들은 록 음악을 정말 좋아한다. He has a hat **like** mine. 그는 내 것과 같은 모자를 가지고 있다.
☐ **pay** 221 [pei] (paid - paid)	통 지불하다	He **paid** for lunch. 그가 점심값을 지불했다. We **paid** $100 for the tickets. 우리는 푯값으로 100달러를 지불했다.
☐ **pollute** 222 [pəljúːt]	통 오염시키다 ⑪ pollution 똉 오염	**pollute** the air 대기를 오염시키다
☐ **pour** 223 [pɔːr]	통 붓다, 퍼붓다	**Pour** the milk over the cereal. 씨리얼에 우유를 부어라.
☐ **produce** 224 [prədúːs]	통 생산하다, 만들다 ⑪ production 똉 생산	**produce** plenty of vegetables 많은 채소를 생산하다
☐ **pull** 225 [pul]	통 당기다	A baby **pulled** her mom's hair. 아기가 엄마의 머리카락을 잡아당겼다. **pull** the door open 문을 당겨서 열다

Voca Up	**동사 + -(t)ion**

동사에 -(t)ion을 붙이면 명사가 된다.

EX. donate + ion = donation   pollute + ion = pollution   produce + tion = production

     invent + ion = invention   protect + ion = protection   construct + ion = construction

EXERCISE

정답 pp.170~175

A 빈칸에 알맞은 단어를 보기에서 골라 쓰세요. (형태 변경 가능)

| pay | pollute | pour | pimple |

1 He has a big _____ on his face.

2 We _____ $100 for the tickets.

3 Factories _____ the air with chemicals.

4 Please _____ some milk in my bowl.

B 빈칸에 알맞은 말을 넣어 어구를 완성하세요.

1 traffic _____ (교통 소음)

2 _____ a new continent (새로운 대륙을 발견하다)

3 _____ the door shut (문을 당겨서 닫다)

4 _____ clothes and shoes (옷과 신발을 기부하다)

5 repeated _____ (반복되는 패턴)

C 우리말을 참고하여 문장 속에 알맞은 말을 써 넣으세요.

1 The coach _____ the players _____ two teams.
(코치는 선수들을 두 팀으로 나누었다.)

2 There are always new _____ _____.
(항상 새로운 휴대전화가 있다.)

3 I'm sorry that I _____ you. (실망시켜 드려 죄송합니다.)

4 Have you ever seen a lovely girl _____ _____?
(그녀처럼 사랑스러운 소녀를 본 적 있니?)

5 Keep off the _____. (잔디밭에 들어가지 마시오.)

D 단어와 영어 뜻을 연결하세요. 영영풀이

1 noise   ·

2 improve ·

3 owner   ·

4 habit   ·

· ⓐ unpleasant sound

· ⓑ a regular action or activity

· ⓒ the person who has a thing

· ⓓ to make better

E 영어 단어를 듣고 받아 적은 후 그 단어의 뜻을 쓰세요. 받아쓰기 🎧

English	Korean	English	Korean
1		14	
2		15	
3		16	
4		17	
5		18	
6		19	
7		20	
8		21	
9		22	
10		23	
11		24	
12		25	
13			

MP3

☐ **schedule** ²²⁶
[skédʒuːl]

명 일정, 스케줄

Check your **schedule**.
네 일정을 확인해라.

☐ **seed** ²²⁷
[siːd]

명 씨앗

Plant the **seeds** in the garden.
정원에 씨앗을 심어라.

☐ **shape** ²²⁸
[ʃeip]

명 모양
파 shaped 형 ~한 모양인

round **shape** 둥근 모양

☐ **shell** ²²⁹
[ʃel]

명 조개 껍데기

pick up some **shells** at the beach
해변에서 조개 껍데기를 줍다

☐ **side** ²³⁰
[said]

명 옆, 측면
파 side dish 곁들임 음식, 반찬

the left **side** of the body 인체의 좌측

☐ **speaker** ²³¹
[spíːkər]

명 연설가
명 스피커

He is an excellent **speaker**. 그는 뛰어난 연설가이다.
listen to music through the **speakers**
스피커를 통해 음악을 듣다

☐ **stage** ²³²
[steidʒ]

명 무대
명 단계

an actress on the **stage** 무대 위의 여배우
the last **stage** of the game 경기의 마지막 단계

☐ **storm** ²³³
[stɔːrm]

명 폭풍(우)

A heavy **storm** hit the town.
강한 폭풍이 마을을 덮쳤다.

☐ **review** ²³⁴
[rivjú:]

명 검토, 비평
동 검토하다, 복습하다

a book **review** 책 비평
He **reviewed** their suggestions.
그는 그들의 제안을 검토했다.

☐ **sentence** ²³⁵
[séntəns]

명 문장, 선고
동 선고하다

write a **sentence** 문장을 쓰다
He was **sentenced** to 5 years in prison.
그는 징역 5년을 선고받았다.

☐ **report** ²³⁶
[ripɔ́ːrt]

명 보고, 보고서
동 보고하다, 알리다
파 report card 통지표, 성적표

write a **report** 보고서를 쓰다
report on the situation 상황을 보고하다

☐ **lock** ²³⁷
[lɑk]

명 자물쇠
동 잠그다, 가두다

a strong **lock** on the door 문의 단단한 자물쇠
lock up the criminal 범죄자를 가두다

☐ **roll** ²³⁸
[roul]

명 묶음
동 말아 올리다, 구르다
파 roll over 구르다

a **roll** of coins 동전 한 묶음
He **rolled** up the newspaper.
그는 신문을 돌돌 말았다.

☐ **treat** [239] [triːt]	통 대접하다, 취급하다	He **treated** me to a nice meal. 그는 내게 훌륭한 식사를 대접했다.
☐ **put** [240] [put]	통 놓다, 두다	**put** the pen on the table 탁자 위에 펜을 놓다
☐ **recycle** [241] [riːsáikl]	통 재활용하다	**recycle** bottles and cans 병과 캔을 재활용하다
☐ **repair** [242] [ripɛ́ər]	통 수리하다, 고치다	**repair** my car 내 차를 수리하다
☐ **accept** [243] [əksépt]	통 받아들이다 ⓟ acceptance 명 받아들임, 수용	Can you **accept** my decision? 내 결정을 받아들일 수 있니?
☐ **miss** [244] [mis]	통 그리워하다 통 놓치다	I **miss** you. 난 네가 그립다. **miss** the bus 버스를 놓치다
☐ **scary** [245] [skɛ́(ː)əri]	형 무서운, 두려운	a **scary** movie 공포 영화
☐ **silly** [246] [síli]	형 어리석은, 바보 같은	a very **silly** mistake 매우 어리석은 실수
☐ **straight** [247] [streit]	형 똑바른, 곧은 부 똑바로, 일직선으로	Fix your tie. It's not **straight**. 넥타이를 바로 매. 똑바르지 않아. Go **straight** and it's on your right. 똑바로 가시면 왼쪽에 있어요.
☐ **sore** [248] [sɔːr]	형 아픈	a **sore** throat 아픈 목
☐ **similar** [249] [símələr]	형 비슷한	He looks **similar** to his father. 그는 아버지를 닮았다.
☐ **unique** [250] [juːníːk]	형 독특한	He paints in a **unique** style. 그는 독특한 방식으로 그림을 그린다.

Voca Up	동사 put

put에 부사를 더하면 다양한 뜻이 된다.

EX. The meeting had to be **put off**. (회의는 연기되어야 했다.)

Put the sweater **on**, it's getting cold. (추워지니 스웨터를 입어라.)

Put the light **out**, please. (불 좀 꺼 주세요.)

EXERCISE

정답 pp.170~175

A 빈칸에 알맞은 단어를 보기에서 골라 쓰세요. (형태 변경 가능)

> scary   speaker   similar   side

1 He was a guest _____ at the conference.

2 I live on the other _____ of the street.

3 My brother and I look very _____.

4 That mask is very _____. Don't buy it.

B 빈칸에 알맞은 말을 넣어 어구를 완성하세요.

1 the first _____ (첫 번째 단계)

2 a _____ piece of wood (똑바른 나무 한 조각)

3 a movie _____ (영화 비평)

4 sow the flower _____ (꽃씨들을 뿌리다)

5 a _____ thumb (아픈 엄지손가락)

C 우리말을 참고하여 문장 속에 알맞은 말을 써 넣으세요.

1 Complete the _____ with the best verbs.
(가장 알맞은 동사로 문장을 완성하시오.)

2 I _____ the cat outside. (나는 고양이를 밖에 내놓았다.)

3 She said yes and _____ his proposal.
(그녀는 알겠다고 대답하며 그의 청혼을 받아들였다.)

4 Don't be _____. (어리석게 굴지 마.)

5 We ran to the station but _____ the train.
(우리는 역까지 뛰었지만 기차를 놓쳤다.)

46

D 단어와 영어 뜻을 연결하세요. 영영풀이

1 schedule ·   · ⓐ special or unlike anything else

2 unique   ·   · ⓑ a plan with time

3 storm   ·   · ⓒ having no curves or angles

4 straight ·   · ⓓ violent weather with strong winds

E 영어 단어를 듣고 받아 적은 후 그 단어의 뜻을 쓰세요. 받아쓰기 🎧

English	Korean	English	Korean
1		14	
2		15	
3		16	
4		17	
5		18	
6		19	
7		20	
8		21	
9		22	
10		23	
11		24	
12		25	
13			

MP3

☐ **television** 251 [téləvìʒən]	몡 텔레비전, TV	What's on **television** now? 지금 TV에서 뭐 해?
☐ **temperature** 252 [témpərətʃər]	몡 온도	a high **temperature** 높은 온도
☐ **thousand** 253 [θáuzənd]	몡 천, 1000 ❷ thousands of 수천의	**Thousands** of people visit the town every year. 수천 명이 매년 이 마을을 방문한다.
☐ **tower** 254 [tauər]	몡 탑, 타워	The **tower** is 5 meters tall. 그 탑은 높이가 5미터이다.
☐ **trick** 255 [trik]	몡 속임수, 장난	My brother played a **trick** on me. 형이 내게 장난을 쳤다.
☐ **village** 256 [vílidʒ]	몡 마을	a small **village** 작은 마을
☐ **volume** 257 [válju:m]	몡 소리, 볼륨	turn down the **volume** 소리를 줄이다
☐ **wedding** 258 [wédiŋ]	몡 결혼, 결혼식	attend a **wedding** 결혼식에 참석하다
☐ **worker** 259 [wə́:rkər]	몡 근로자, 일꾼	the **workers**' complaint 근로자들의 불만
☐ **adventure** 260 [ədvéntʃər]	몡 모험, 도전	go on an **adventure** 모험을 떠나다
☐ **animation** 261 [æ̀nəméiʃən]	몡 만화 영화	She's learning **animation** at college. 그녀는 대학에서 만화 영화를 배우고 있다.
☐ **appearance** 262 [əpíərəns]	몡 외모, 나타남 ❸appear 몡 나타나다	What do you think about his **appearance**? 그의 외모가 어때?
☐ **article** 263 [á:rtikl]	몡 기사 몡 품목	a news **article** about the disaster 재난에 관한 신문 기사 an **article** of clothing 의류 품목

☐ **audience** 264 [ɔ́:diəns]	몡 관객, 청중	The **audience** was very noisy. 관객은 매우 소란스러웠다.
☐ **bar** 265 [bɑ:r]	몡 막대 몡 술집	a **bar** of iron 철 한 막대 We drank at a **bar**. 우리는 술집에서 술을 마셨다.
☐ **battery** 266 [bǽtəri]	몡 배터리, 전지	My **battery** ran out. 내 배터리가 나갔다.
☐ **bill** 267 [bil]	몡 계산서 몡 지폐 몡 법안	I paid the restaurant **bill** before I left. 나는 나가기 전에 식당 계산서를 지불했다. I have fifty dollars in **bills**. 나는 지폐로 50달러가 있다. a new **bill** on the tax 세금에 관한 새 법안
☐ **support** 268 [səpɔ́:rt]	몡 지원, 지지 통 지원하다, 지지하다	Thank you for your **support**. 지원해 주셔서 감사합니다. My parents **support** me. 부모님이 나를 지원해 주신다.
☐ **wrap** 269 [ræp]	몡 포장 통 포장하다, 싸다	colorful gift **wrap** 화려한 선물 포장 **wrap** the present 선물을 포장하다
☐ **allow** 270 [əláu]	통 허락하다, 허가하다 ❶ allowance 몡 허락, 용돈	**allow** him to go out late 그가 늦게 외출하는 것을 허락하다
☐ **apologize** 271 [əpálədʒàiz]	통 사과하다 ❶ apology 몡 사과	**apologize** for my behavior 내 행동에 대해 사과하다
☐ **whole** 272 [houl]	혱 전체의, 모든 ❶ part 혱 부분의	the **whole** pizza 피자 전체
☐ **active** 273 [ǽktiv]	혱 활동적인, 적극적인	I'm an **active** person. 나는 적극적인 사람이다.
☐ **alive** 274 [əláiv]	혱 살아 있는, 생기 있는	The animal is still **alive**. 그 동물은 아직 살아 있다.
☐ **third** 275 [θə:rd]	혱 세 번째의 몡 3분의 1	his **third** piece of cake 그의 세 번째 케이크 a **third** of the population 인구의 3분의 1

Voca Up   영어로 분수 읽는 법

1. 분자는 기수로 분모는 서수로 하며, 분자부터 읽는다.
   EX. 1/3 - one third   1/5 - one fifth
2. 분자가 복수이면 분모에 -s를 붙인다.
   EX. 2/3 - two third**s**   3/4 - three fourth**s**

EXERCISE

정답 pp.170~175

A 빈칸에 알맞은 단어를 보기에서 골라 쓰세요. (형태 변경 가능)

> bill   alive   trick   article

1 Is your grandmother still _____?

2 There's a news _____ about the poverty.

3 I paid the restaurant _____ before I left.

4 I played a _____ on my sister.

B 빈칸에 알맞은 말을 넣어 어구를 완성하세요.

1 _____ for being late (늦어서 사과하다)

2 a high _____ (높은 온도)

3 attend a _____ (결혼식에 참석하다)

4 thank for _____ (지원에 감사하다)

5 go on an _____ (모험을 떠나다)

C 우리말을 참고하여 문장 속에 알맞은 말을 써 넣으세요.

1 What do you think about his _____? (그의 외모가 어때?)

2 The _____ ran out. (배터리가 나갔다.)

3 I'm an _____ person. (난 적극적인 사람이다.)

4 She's learning _____ at college.
(그녀는 대학에서 만화영화를 배우고 있다.)

5 Could you please turn down the _____?
(소리를 좀 줄여주시겠어요?)

D 단어와 영어 뜻을 연결하세요. 영영풀이

1 trick   •

2 allow   •

3 audience •

4 whole   •

      • ⓐ people watching a performance

      • ⓑ to give permission

      • ⓒ something to deceive or cheat

      • ⓓ having all the pieces

E 영어 단어를 듣고 받아 적은 후 그 단어의 뜻을 쓰세요. 받아쓰기 🎧

English	Korean	English	Korean
1		14	
2		15	
3		16	
4		17	
5		18	
6		19	
7		20	
8		21	
9		22	
10		23	
11		24	
12		25	
13			

MP3

☐ **billion** 276
[bíljən]
명 10억
❸ billions of 수십억의
a **billion** dollar investment 10억 달러의 투자

☐ **business** 277
[bíznis]
명 일
명 사업
It's not your **business.** 네가 신경 쓸 일이 아냐.
They run a fashion **business.**
그들은 패션 사업을 하고 있다.

☐ **channel** 278
[tʃǽnl]
명 채널
명 해협
a television **channel** TV 채널
the English **channel** 영국 해협

☐ **chart** 279
[tʃɑːrt]
명 도표, 차트
Check the position on the **chart.**
차트에서 위치를 확인하세요.

☐ **chip** 280
[tʃip]
명 칩, 조각
a potato **chip** 감자 칩
a **chip** of wood 나무 조각

☐ **chore** 281
[tʃɔːr]
명 가사, 허드렛일
do the **chores** before going out
외출 전에 집안일을 하다

☐ **debt** 282
[det]
명 부채
He's in **debt.** 그는 빚을 지고 있다.

☐ **competition** 283
[kàmpitíʃən]
명 경쟁, 대회
❶ compete 동 경쟁하다
competition for the prize 그 상에 대한 경쟁

☐ **congratulation**
[kəngrætʃuléiʃən] 284
명 축하
❶ congratulate 동 축하하다
Give her my **congratulations!**
그녀에게 축하한다고 전해 줘!

☐ **continent** 285
[kántənənt]
명 대륙
Australia is an island and a **continent.**
호주는 섬이면서 대륙이다.

☐ **courage** 286
[kə́ːridʒ]
명 용기, 용감
❶ courageous 형 용기 있는,
용감한
Have **courage** and don't be afraid.
용기를 갖고 두려워하지 마.

☐ **creature** 287
[kríːtʃər]
명 생명체, 동물
❶ create 동 창조하다, 만들다
creation 명 창조, 제작
a living **creature** 살아 있는 생명체

☐ **crowd** 288
[kraud]
명 군중
❶ crowded 형 붐비는
a **crowd** of people 군중들

☐ **customer** 289
[kʌ́stəmər]
명 고객, 손님
Be polite to the **customers.**
손님에게 공손히 대하세요.

☐ **difficulty** 290 [dífikλlti]	몡 어려움, 난국 🔄 difficult 혱 어려운	the biggest **difficulty** 가장 큰 어려움
☐ **disease** 291 [dizí:z]	몡 질병, 병	a dangerous **disease** 위험한 질병
☐ **attack** 292 [ətǽk]	몡 공격 통 공격하다	a surprise **attack** 기습 **attack** the enemy base suddenly 적지를 갑자기 공격하다
☐ **bite** 293 [bait] (bit - bitten)	몡 한 입, 물린 곳 통 물다	a painful **bite** 통증이 있는 물린 상처 The dog **bites** strangers. 그 개는 낯선 사람을 문다.
☐ **cost** 294 [kɔ(:)st] (cost - cost)	몡 비용, 가격 통 비용이 들다	a high **cost** 높은 비용 It **costs** 100 dollars. 그것은 100달러가 든다.
☐ **download** 295 [dáunlòud]	몡 다운로드 통 다운로드하다, 내려받다	Its **download** speed is slow. 다운로드 속도가 느리다. **download** a movie 영화를 내려받다
☐ **dot** 296 [dɑt]	몡 점, 물방울무늬 통 점을 찍다	a painting made of **dots** 점들이 그려져 있는 그림 **Dot** the paper with the brush. 붓으로 종이에 점을 찍으세요.
☐ **certainly** 297 [sə́:rtnli]	븐 분명히, 확실히 🔄 surely, definitely	I'll **certainly** help you. 내가 확실히 널 도와줄게.
☐ **closely** 298 [klóusli]	븐 긴밀히, 가까이, 꼭 🔄 close [klous] 혱 가까운	Watch me **closely**. 날 가까이서 봐 줘. She **closely** resembled her mother. 그녀는 그녀의 엄마를 꼭 닮았다.
☐ **clearly** 299 [klíərli]	븐 분명히, 뚜렷하게 🔄 clear 혱 분명한, 명확한	explain everything **clearly** 모든 것을 분명하게 설명하다
☐ **until** 300 [əntíl]	젒 ~할 때까지 젒 ~까지	Don't open the present **until** I come home. 내가 집에 올 때까지 선물 뜯지 마. We stayed awake **until** midnight. 우리는 자정까지 깨어 있었다.

Voca Up　　　　**영어로 숫자 읽는 법**

영어로 숫자를 읽을 때에는 세 단위씩 comma(,)로 끊어가며 읽는다.

EX. 100 – a hundred / 1,000 – a thousand / 10,000 – ten thousand
　　100,000 – a hundred thousand / 1,000,000 – a million / 10,000,000 – ten million
　　100,000,000 – a hundred million / 1,000,000,000 – a billion

A 빈칸에 알맞은 단어를 보기에서 골라 쓰세요. (형태 변경 가능)

> until   bite   chore   customer

1 I did the _____ before going out.

2 Don't open the presents _____ I come home.

3 Be polite to the _____.

4 The dog _____ strangers.

B 빈칸에 알맞은 말을 넣어 어구를 완성하세요.

1 a sudden _____ (기습)

2 _____ a movie (영화를 내려받다)

3 a _____ of people (군중)

4 give him my _____ (그에게 축하한다고 전하다)

5 _____ for the prize (그 상에 대한 경쟁)

C 우리말을 참고하여 문장 속에 알맞은 말을 써 넣으세요.

1 I'll _____ help you. (내가 확실히 도와줄게.)

2 Check the position on the _____. (차트에서 위치를 확인하세요.)

3 Have _____ and don't be afraid. (용기를 갖고 두려워 하지마.)

4 It turned out to be a dangerous _____.
(그것은 위험한 질병으로 판명되었다.)

5 Australia is an island and a _____. (호주는 섬이면서 대륙이다.)

D 단어와 영어 뜻을 연결하세요. 영영풀이

1 billion ·   · ⓐ to try to hurt or kill

2 attack ·   · ⓑ a real or imaginary animal

3 creature ·   · ⓒ some regular work in the house

4 chore ·   · ⓓ 1,000,000,000

E 영어 단어를 듣고 받아 적은 후 그 단어의 뜻을 쓰세요. 받아쓰기 🎧

English	Korean	English	Korean
1		14	
2		15	
3		16	
4		17	
5		18	
6		19	
7		20	
8		21	
9		22	
10		23	
11		24	
12		25	
13			

DAY 13

MP3

☐ **education** 301
[èdʒukéiʃən]
명 교육
🔵 educate **동** 교육하다

necessary **education** for the future
미래를 위해 필요한 교육

☐ **empire** 302
[émpaiər]
명 제국

The Roman **empire** was powerful.
로마 제국은 강력하였다.

☐ **engineer** 303
[èndʒəníər]
명 기술자, 엔지니어

Engineers do important work.
기술자는 중요한 일을 한다.

☐ **evidence** 304
[évidəns]
명 증거
🔵 evident **형** 증거가 있는, 명백한

The **evidence** was clear. 증거는 명백했다.

☐ **expert** 305
[ékspə:rt]
명 전문가

She is an **expert** in music programs.
그녀는 음악 프로그램에서 전문가이다.

☐ **fare** 306
[fɛər]
명 요금
🔵 fair **형** 공정한, 공평한

How much is the **fare**? 요금은 얼마입니까?

☐ **flavor** 307
[fléivər]
명 맛, 향

my favorite **flavor** 내가 가장 좋아하는 맛

☐ **friendship** 308
[fréndʃip]
명 우정, 친밀

Our **friendship** is important to me.
우리의 우정은 내게 중요하다.

☐ **gallery** 309
[gǽləri]
명 미술관, 갤러리

The art **gallery** had an exhibition.
그 미술관이 전시회를 열었다.

☐ **fry** 310
[frai]
명 튀김
동 튀기다, 기름에 볶다

We love French **fries**. 우리는 감자튀김을 좋아한다.
fry the eggs 계란 프라이를 하다

☐ **function** 311
[fʌ́ŋkʃən]
명 기능, 작용
동 작동하다

the **function** of this machine 이 기계의 기능
My computer **functions** very well.
내 컴퓨터는 매우 잘 작동한다.

☐ **guess** 312
[ges]
명 짐작
동 짐작하다

a lucky **guess** 요행수
Can you **guess** who I met today?
내가 오늘 누구를 만났는지 알아?

☐ **express** 313
[iksprés]
명 급행 열차
동 나타내다, 표현하다
형 급행의, 속달의

We caught the **express** to Chicago.
우리는 시카고행 급행 열차를 탔다.
express my thanks to ~에게 나의 감사를 표하다
send the letter by **express** mail
속달 우편으로 편지를 부치다

☐ **fit** ³¹⁴
[fit]

몡 적합, 꼭 맞는 것
통 ~에 적합하다, 들어맞다
혱 적합한, 알맞은

These jeans are a perfect **fit**. 이 데님바지는 딱 맞는다.
These clothes don't **fit** me.
이 옷은 나한테 맞지 않는다.
fit and healthy 딱 알맞고 건강한

☐ **consider** ³¹⁵
[kənsídər]

통 고려하다, 간주하다
ⓜ consideration 몡 고려, 숙고

consider a new job 새로운 직업을 고려하다

☐ **develop** ³¹⁶
[divéləp]

통 발전하다, 개발하다
ⓜ development 몡 발전, 개발

develop a new program 새로운 프로그램을 개발하다

☐ **encourage** ³¹⁷
[inkə́:ridʒ]

통 격려하다
ⓞ discourage 통 막다,
좌절시키다

encourage him to speak out
크게 말하도록 그를 격려하다

☐ **exhibit** ³¹⁸
[igzíbit]

통 전시하다
ⓜ exhibition 몡 전시회

exhibit the new artwork 새 예술품을 전시하다

☐ **explore** ³¹⁹
[iksplɔ́:r]

통 탐험하다

The men **explored** the jungle.
그 사람들은 정글을 탐험했다.

☐ **daily** ³²⁰
[déili]

혱 매일의, 일상적인
ⓐ dairy 혱 유제품의

Daily life is a little boring sometimes.
일상은 때때로 약간 지루하다.

☐ **every** ³²¹
[évri]

혱 매, 모든

Every man I know enjoys football.
내가 아는 모든 남자는 축구를 즐긴다.

☐ **exact** ³²²
[igzǽkt]

혱 정확한
ⓜ exactly 튀 정확하게

exact location of the church 그 교회의 정확한 위치

☐ **ever** ³²³
[évər]

튀 언젠가, 지금까지

Have you **ever** been to Dokdo?
언젠가 독도에 가 본 적 있니?

☐ **fortunately** ³²⁴
[fɔ́:rtʃənitli]

튀 다행히
ⓜ fortune 몡 행운, 재산

Fortunately no one got hurt.
다행히 아무도 다치지 않았다.

☐ **except** ³²⁵
[iksépt]

젠 ~ 외에, ~을 빼고
ⓢ except for ~을 제외하고

Everyone is happy **except** me.
나를 빼고 모두 행복하다.

Voca Up	명사 + -ship

명사 뒤에 -ship이 붙어서 추상명사를 만든다.

EX. friendship 우정   leadership 지도력   scholarship 장학금   relationship 관계
      citizenship 시민권   membership 회원권   spaceship 우주선   internship 인턴 기간

EXERCISE

정답 pp.170~175

A 빈칸에 알맞은 단어를 보기에서 골라 쓰세요. (형태 변경 가능)

evidence	every	develop	fit

1 We _____ a new program.

2 _____ man I know enjoys football.

3 These clothes don't _____ me.

4 The _____ was clear.

B 빈칸에 알맞은 말을 넣어 어구를 완성하세요.

1 an _____ in music programs (음악 프로그램의 전문가)

2 my favorite _____ (내가 가장 좋아하는 맛)

3 necessary _____ for the future (미래를 위해 필요한 교육)

4 _____ a new job (새로운 직업을 고려하다)

5 _____ location of the church (교회의 정확한 위치)

C 우리말을 참고하여 문장 속에 알맞은 말을 써 넣으세요.

1 My computer _____ very well. (내 컴퓨터는 매우 잘 작동한다.)

2 The men _____ the jungle. (사람들은 정글을 탐험했다.)

3 _____ life is a little boring sometimes. (일상은 때때로 약간 지루하다.)

4 Everyone is happy _____ me. (나를 빼고 모두 행복하다.)

5 Our _____ is important to me. (우리의 우정은 내게 중요하다.)

D 단어와 영어 뜻을 연결하세요. 영영풀이

1 explore ·   · ⓐ to look around a place for the first time

2 evidence ·   · ⓑ by lucky chance; luckily

3 fortunately ·   · ⓒ reason to believe something

4 expert ·   · ⓓ someone who knows a lot about a thing

E 영어 단어를 듣고 받아 적은 후 그 단어의 뜻을 쓰세요. 받아쓰기 🎧

	English	Korean		English	Korean
1			14		
2			15		
3			16		
4			17		
5			18		
6			19		
7			20		
8			21		
9			22		
10			23		
11			24		
12			25		
13					

DAY 14

☐ **garlic** 326
[gá:rlik]

명 마늘

Garlic has a strong taste. 마늘에는 강한 맛이 있다.

☐ **goose** 327
[gu:s]

명 거위
⊕ goose bumps 소름
⊜ geese

He has a pet **goose**. 그는 애완 거위가 있다.

☐ **graphic** 328
[grǽfik]

명 그래픽
형 그래픽의, 그림의

The computer **graphics** are very good.
그 컴퓨터 그래픽은 매우 훌륭하다.
I'm a **graphic** designer. 나는 그래픽 디자이너이다.

☐ **greenhouse** 329
[grí:nhàus]

명 온실

grow plants in the **greenhouse**
온실에서 식물을 기르다

☐ **guest** 330
[gest]

명 손님
⊕ host 명 (손님을 초대한) 주인

the party **guests** 파티 손님들

☐ **heritage** 331
[héritidʒ]

명 유산, 전통

Countries must protect their **heritage**.
나라들은 그들의 유산을 보호해야 한다.

☐ **image** 332
[ímidʒ]

명 이미지, 모습

I can't see the **image** clearly.
나는 그 이미지가 명확하게 안 보여요.

☐ **human** 333
[hjú:mən]

명 인간
형 인간의, 사람의

Human beings need love and kindness.
인간은 사랑과 친절을 필요로 한다.
the **human** heart 인간의 마음

☐ **independence** 334
[indipéndəns]

명 독립
⊞ independent 형 독립적인

fight for **independence** 독립을 위해 싸우다

☐ **journey** 335
[dʒə́:rni]

명 여행

go on a **journey** 여행을 떠나다

☐ **knife** 336
[naif]

명 칼

cut the apple with a **knife** 칼로 사과를 자르다

☐ **liberty** 337
[líbərti]

명 자유

We care about **liberty** for all people.
우리는 모든 사람의 자유에 관심이 있다.

☐ **makeup** 338
[méikʌ̀p]

명 화장, 화장품

put on **makeup** 화장을 하다

☐ **manner** 339 [mǽnər]	몡 방식 몡 (-s) 예의범절	in a kind **manner** 친절한 방식으로 table **manners** 식사 예절
☐ **market** 340 [máːrkit]	몡 시장	buy food from the **market** 시장에서 음식을 사다
☐ **memory** 341 [méməri]	몡 기억, 추억	have a good[bad] **memory** 기억력이 좋다[나쁘다]
☐ **million** 342 [míljən]	몡 100만, 백만 관 millions of 수백만의	a **million** dollars 백만 달러
☐ **mixture** 343 [míkstʃər]	몡 혼합, 혼합물 파 mix 동 섞다	a **mixture** of fruit and milk 과일과 우유의 혼합물
☐ **mouse** 344 [maus]	몡 생쥐 몡 (컴퓨터) 마우스 복 mice / mouses	a pet **mouse** 애완 생쥐 Click the **mouse**. 마우스를 클릭하세요.
☐ **harm** 345 [haːrm]	몡 해로움, 피해 동 해를 입다, 해를 끼치다 유 damage	cause **harm** 피해를 입히다 Don't **harm** anyone. 아무에게도 해를 끼치지 마.
☐ **increase** 346 몡 [ínkriːs] 동 [inkríːs]	몡 증가, 인상 동 늘리다, 증가하다 반 decrease 동 줄이다, 감소하다	a sudden **increase** 갑작스런 인상 **increase** profits 이득을 늘리다
☐ **lift** 347 [lift]	몡 태워주는 일, 승강기 동 들어올리다	He gave me a **lift** home. 그는 나를 집까지 태워주었다. **lift** weights 역기를 들어올리다
☐ **hate** 348 [heit]	동 미워하다, 싫어하다 파 hatred 몡 증오	Most people **hated** the movie. 대부분의 사람들은 그 영화를 싫어했다.
☐ **gather** 349 [gǽðər]	동 모이다	A crowd **gathered** around the car crash. 군중이 자동차 사고 현장으로 모였다.
☐ **lie** 350 [lai] (lay - lain / lied - lied)	동 눕다 동 거짓말하다	The girls **lay** on the sand for a while. 소녀들은 모래사장에 잠깐 누웠다. Don't **lie** to me. 내게 거짓말하지 마.

Voca Up　　**품사에 따라 강세가 달라지는 단어**

동사와 명사로 동시에 쓰이는 단어 중 increase처럼 품사에 따라 강세가 달라지는 경우가 있다.

EX. increase 몡 [ínkriːs] 증가　　동 [inkríːs] 증가하다
　　record 몡 [rékərd] 기록　　동 [rikɔ́ːrd] 기록하다
　　address 몡 [ǽdres] 주소　　동 [ədrés] 연설하다

A 빈칸에 알맞은 단어를 보기에서 골라 쓰세요. (형태 변경 가능)

> garlic   lift   guest   graphic

1 I'm a _____ designer.

2 _____ has a strong taste.

3 He gave me a _____ home.

4 Many _____ are invited to the party.

B 빈칸에 알맞은 말을 넣어 어구를 완성하세요.

1 put on _____ (화장을 하다)

2 have a good _____ (기억력이 좋다)

3 go on a _____ (여행을 떠나다)

4 table _____ (식사 예절)

5 the _____ heart (인간의 마음)

C 우리말을 참고하여 문장 속에 알맞은 말을 써 넣으세요.

1 A crowd _____ around the car crash. (군중이 자동차 사고 현장으로 모였다.)

2 I can't see the _____ clearly. (나는 그 이미지가 명확하게 안 보여요.)

3 We buy fruit and vegetables from the _____.
(우리는 시장에서 과일과 채소를 산다.)

4 Countries must protect their _____.
(나라들은 그들의 유산을 보호해야 한다.)

5 Do not _____ anyone. (아무에게도 해를 입히지 마.)

D 단어와 영어 뜻을 연결하세요. 영영풀이

1 increase   ·

2 liberty   ·

3 makeup   ·

4 greenhouse ·

· ⓐ a building for plants to grow in

· ⓑ freedom

· ⓒ to make more or bigger

· ⓓ cosmetics for your face

E 영어 단어를 듣고 받아 적은 후 그 단어의 뜻을 쓰세요. 받아쓰기 🎧

English	Korean	English	Korean
1		14	
2		15	
3		16	
4		17	
5		18	
6		19	
7		20	
8		21	
9		22	
10		23	
11		24	
12		25	
13			

MP3

☐ **mouth** 351 [mauθ]	몡 입	open your **mouth** wide 입을 크게 벌리다
☐ **mud** 352 [mʌd]	몡 진흙 ☞ muddy 톙 진흙투성이의	play in the **mud** 진흙에서 놀다
☐ **necklace** 353 [néklis]	몡 목걸이	a pretty **necklace** 예쁜 목걸이
☐ **noodle** 354 [núːdl]	몡 국수	eat **noodles** with soy sauce 간장을 곁들여 국수를 먹다
☐ **north** 355 [nɔːrθ]	몡 북쪽 톙 북쪽의 閉 북쪽을 향하여	We drove to the **north** of the city. 우리는 도시 북쪽으로 운전해 갔다. a **north** window 북쪽의 창문 sail **north** 북쪽으로 항해하다
☐ **nutrition** 356 [njuːtríʃən]	몡 영양 ☞ nutritious 톙 영양분이 풍부한	care about **nutrition** 영양에 신경 쓰다
☐ **October** 357 [ɑktóubər]	몡 10월	The weather is perfect in **October**. 10월의 날씨는 완벽하다.
☐ **onion** 358 [ʌ́njən]	몡 양파	cut up **onions** 양파를 썰다
☐ **pain** 359 [pein]	몡 고통, 통증 ☞ painful 톙 아픈	a **pain** in my leg 다리의 통증
☐ **pair** 360 [pɛər]	몡 한 쌍, 한 벌	a **pair** of jeans 데님바지 한 벌
☐ **part** 361 [pɑːrt]	몡 부분, 일부	cut the cake into three **parts** 케이크를 세 부분으로 자르다
☐ **past** 362 [pæst]	몡 과거 젅 ~을 지나서 톙 과거의, 지나간	We cannot change the **past**. 우리는 과거는 바꿀 수가 없다. It's **past** your bedtime. 잘 시간이 지났다. My troubles are now **past**. 내 문제는 이제 지나간 일이다.
☐ **pack** 363 [pæk]	몡 꾸러미, (카드) 한 벌 톙 싸다	a **pack** of cards 카드 한 벌 **pack** your bags 가방을 싸다

□ **overcome** [364] [òuvərkʌ́m] (overcame - overcome)	통 극복하다, 이기다	**overcome** my problems 내 문제를 극복하다
□ **participate** [365] [pɑːrtísəpèit]	통 참여하다, 참가하다 ⓟ participation 명 참여, 참가	**participate** in the contest 대회에 참여하다
□ **incredible** [366] [inkrédəbl]	형 놀라운, 믿기 어려운 ⓤ unbelievable	The view is **incredible**. 경치가 놀라웠다.
□ **indoor** [367] [índɔːr]	형 실내의, 내부의 ⓞ outdoor 형 실외의, 외부의	an **indoor** swimming pool 실내 수영장
□ **local** [368] [lóukəl]	형 지방의, 지역의 명 지역 사람	a **local** paper 지역 신문 He's a **local** in this town. 그는 이 마을 지역 사람이다.
□ **lost** [369] [lɔːst]	형 길을 잃은 형 분실한	It is easy to get **lost** in this city. 이 도시에서는 길을 잃기 쉽다. I finally found my **lost** watch. 나는 마침내 잃어버렸던 시계를 찾았다.
□ **main** [370] [mein]	형 주요한, 중심적인	This is the **main** building. 이것이 중심 건물이다.
□ **national** [371] [nǽʃənl]	형 국가의, 전국의 ⓝ nation 명 국가, 나라	a **national** holiday 국경일
□ **natural** [372] [nǽtʃərəl]	형 자연의, 천연의 형 당연한, 자연스러운	**natural** food 자연 식품 / **natural** rubber 천연 고무 It's **natural** to feel tired. 피곤함을 느끼는 것은 당연하다.
□ **neat** [373] [niːt]	형 깔끔한, 단정한	a **neat** and tidy looking room 깔끔하고 정리가 잘 되어 보이는 방
□ **necessary** [374] [nèsəséri]	형 필요한 ⓝ necessity 명 필요, 필수품	pack only **necessary** things 필요한 것들만 짐을 싸다
□ **opposite** [375] [ápəzit]	형 반대쪽의 명 반대의 것, 반대말 전 ~의 맞은편에	on the **opposite** side of the street 거리의 반대편에 있는 Evil is the **opposite** of good. 악은 선의 반대말이다. the stores **opposite** the bus stop 버스 정류장 맞은편의 가게들

Voca Up　　　　**동서남북**

우리말은 '동서남북'이라고 말하지만, 영어는 'north, south, east, and west'라고 말한다.

EX. We can see mountains to the **north**, **south**, **east**, and **west**.

(우리는 산을 동서남북으로 다 볼 수 있다.)

EXERCISE

A 빈칸에 알맞은 단어를 보기에서 골라 쓰세요. (형태 변경 가능)

> local   past   pack   mouth

1 Open your _____ wide.

2 He's a _____ in this town.

3 It's _____ your bedtime.

4 _____ your bags.

B 빈칸에 알맞은 말을 넣어 어구를 완성하세요.

1 a _____ of jeans (데님바지 한 벌)

2 _____ my problems (내 문제를 극복하다)

3 care about _____ (영양에 신경 쓰다)

4 the stores _____ the bus stop (버스 정류장 맞은편의 가게들)

5 a _____ holiday (국경일)

C 우리말을 참고하여 문장 속에 알맞은 말을 써 넣으세요.

1 We drove to the _____ of the city. (우리는 북쪽으로 운전해 갔다.)

2 This is the _____ building. (이것이 중심 건물이다.)

3 What a pretty _____! (정말 예쁜 목걸이다!)

4 The view was _____. (경치가 놀라웠다.)

5 I didn't _____ in the contest. (나는 그 대회에 참가하지 않았다.)

D 단어와 영어 뜻을 연결하세요. 영영풀이

1 necklace ·

2 pain   ·

3 opposite ·

4 incredible ·

· ⓐ amazing or hard to believe

· ⓑ a piece of jewelry worn around the neck

· ⓒ across from

· ⓓ feeling of getting hurt

E 영어 단어를 듣고 받아 적은 후 그 단어의 뜻을 쓰세요. 받아쓰기 🎧

English	Korean	English	Korean
1		14	
2		15	
3		16	
4		17	
5		18	
6		19	
7		20	
8		21	
9		22	
10		23	
11		24	
12		25	
13			

MP3

☐ **path** 376 [pæθ]	몡 길, 경로	walk up the mountain **path** 산길을 올라가다
☐ **patient** 377 [péiʃənt]	몡 환자 혱 참을성이 있는 🔄 impatient 혱 참을성이 없는	a **patient** in a hospital 병원의 환자 Be **patient** and wait a little longer. 참을성 있게 조금만 더 기다려.
☐ **peace** 378 [piːs]	몡 평화 🔄 peaceful 혱 평화로운	The whole country is not at **peace**. 나라 전체가 평화롭지 않다.
☐ **pepper** 379 [pépər]	몡 고추, 후추	put **pepper** on the steak 스테이크에 후추를 뿌리다
☐ **period** 380 [pí(ː)əriəd]	몡 기간, 시기	a **period** of 3 months 3개월의 기간
☐ **poison** 381 [pɔ́izn]	몡 독, 독약	a bottle of **poison** 독약 한 병
☐ **poverty** 382 [pávərti]	몡 빈곤, 가난 🔄 poor 혱 가난한	overcome **poverty** 가난을 극복하다
☐ **process** 383 [práses]	몡 과정, 절차	the chocolate making **process** 초콜렛 만드는 과정
☐ **pyramid** 384 [pírəmìd]	몡 피라미드	the **pyramids** in Egypt 이집트의 피라미드들
☐ **rate** 385 [reit]	몡 요금 몡 비율	the postal **rates** 우편 요금 the discount **rate** 할인율
☐ **refrigerator** 386 [rifrídʒərèitər]	몡 냉장고 🔄 fridge	My **refrigerator** is full of food. 내 냉장고에 음식이 가득하다.
☐ **relationship** 387 [riléiʃənʃip]	몡 관계, 사이	The brothers have a good **relationship**. 그 형제는 사이가 좋다.
☐ **reason** 388 [ríːzn]	몡 이유, 원인 통 추리하다, (논리적으로) 설득하다	I have no **reason** to waste money. 나는 돈을 낭비할 이유가 없다. Can you **reason** with him? 그를 설득할 수 있겠니?

☐ **prefer** [389] [prifə́:r] (preferred - preferred)	통 더 좋아하다	**prefer** beaches to mountains 산보다 해변을 더 좋아하다
☐ **realize** [390] [rí(:)əlàiz]	통 깨닫다 통 실현하다	I **realized** I made a mistake. 난 실수했다는 걸 깨달았다. **realize** your dreams 꿈을 실현하다
☐ **refuse** [391] [rifjú:z]	통 거절하다, 거부하다 파 refusal 명 거절, 거부	**refuse** to help him 그를 도와주는 것을 거절하다
☐ **relate** [392] [riléit]	통 관련시키다	His theory is **related** to mine. 그의 이론은 내 이론과 관련이 있다.
☐ **original** [393] [ərídʒənl]	형 원래의, 독창적인 파 originally 부 원래, 처음부터	many **original** ideas 독창적인 많은 생각
☐ **positive** [394] [pázitiv]	형 긍정적인 형 확신하는 반 negative 형 부정적인	a **positive** attitude 긍정적인 태도 I'm **positive** he told me the truth. 난 그가 나에게 진실을 말했다고 확신해.
☐ **proper** [395] [prápər]	형 적절한, 적당한 반 improper 형 부적당한	the **proper** way to swim 수영하는 적절한 방법
☐ **public** [396] [pʌ́blik]	형 공공의, 공중의 명 대중	a **public** library 공공 도서관 The **public** were angry with the president. 대중은 대통령에게 화가 났다.
☐ **quick** [397] [kwik]	형 빠른 파 quickly 부 빠르게	a **quick** runner 빠른 주자
☐ **then** [398] [ðen]	부 그때 부 그다음에	She lived in the States **then**. 그녀는 그때 미국에서 살았다. I bought a book, and **then** I came back home. 나는 책을 사고 나서 집에 돌아왔다.
☐ **probably** [399] [prábəbli]	부 아마도	He'll **probably** come late. 그는 아마도 늦게 올 것이다.
☐ **quite** [400] [kwait]	부 꽤, 아주 유 pretty	I'm **quite** happy to go with you. 너랑 가게 되어서 난 아주 기뻐.

Voca Up 　　　 **과거형 만들기 (2음절 강세)**

prefer와 같이 2음절 동사가 뒤에 강세가 있는 경우, 과거형을 만들 때 자음을 하나 더 붙인다.

EX. prefer(더 좋아하다) – preferred – preferred
　　occur(발생하다) – occurred – occurred
　　confer(수여하다) – conferred – conferred

A 빈칸에 알맞은 단어를 보기에서 골라 쓰세요. (형태 변경 가능)

process	realize	refrigerator	patient

1 Be _____ and wait a little longer.

2 Let's watch the chocolate making _____.

3 I _____ I made a mistake.

4 My _____ is full of food and drinks.

B 빈칸에 알맞은 말을 넣어 어구를 완성하세요.

1 a _____ in Egypt (이집트의 피라미드)

2 a discount _____ (할인율)

3 a _____ of 3 months. (3개월의 기간)

4 _____ beaches to mountains (산보다 해변을 더 좋아하다)

5 the _____ way to swim (수영하는 적절한 방법)

C 우리말을 참고하여 문장 속에 알맞은 말을 써 넣으세요.

1 The _____ were angry with the president. (대중은 대통령에게 화가 났다.)

2 The brothers have a good _____. (그 형제는 사이가 좋다.)

3 He has many _____ ideas. (그는 독창적인 아이디어가 많이 있다.)

4 I have no _____ to waste money. (나는 돈을 낭비할 이유가 없다.)

5 He'll _____ come late. (그는 아마도 늦게 올 것이다.)

D 단어와 영어 뜻을 연결하세요. 영영풀이

1 positive   •   • ⓐ someone getting medical treatment

2 refuse   •   • ⓑ a machine that keeps food cold

3 refrigerator •   • ⓒ to not accept or agree to

4 patient   •   • ⓓ certain, sure, or hopeful

E 영어 단어를 듣고 받아 적은 후 그 단어의 뜻을 쓰세요. 받아쓰기 🎧

English	Korean	English	Korean
1		14	
2		15	
3		16	
4		17	
5		18	
6		19	
7		20	
8		21	
9		22	
10		23	
11		24	
12		25	
13			

□ **restroom** 401 [réstrù(:)m]	몡 화장실	go to the **restroom** 화장실에 가다
□ **role** 402 [roul]	몡 역할	play a major **role** in the movie 영화에서 중요한 역할을 하다
□ **sailor** 403 [séilər]	몡 선원 흭 sail 동 항해하다	There are seven **sailors** on the ship. 배에는 7명의 선원이 있다.
□ **service** 404 [sə́ːrvis]	몡 서비스, 봉사 흭 serve 동 봉사하다	The hotel has a laundry **service**. 그 호텔에는 세탁 서비스가 있다.
□ **signal** 405 [sígnəl]	몡 신호	the **signal** for the next lesson 다음 수업을 알리는 신호
□ **site** 406 [sait]	몡 장소, 부지	a construction **site** 건설 부지
□ **skill** 407 [skil]	몡 기술 흭 skillful 혱 솜씨 있는, 능숙한	a useful **skill** 유용한 기술
□ **skin** 408 [skin]	몡 피부	His **skin** is soft and smooth. 그의 피부는 부드럽고 매끄럽다.
□ **soap** 409 [soup]	몡 비누	a bar of **soap** 비누 한 개
□ **south** 410 [sauθ]	몡 남쪽 혱 남쪽의 분 남쪽으로	He lives in the **south**. 그는 남쪽에 산다. the **south** side of the city 도시의 남쪽 편 The ship sailed **south** all night. 배는 밤새도록 남쪽으로 항해했다.
□ **scream** 411 [skriːm]	몡 비명, 절규 동 소리치다	a loud **scream** 큰 비명 She **screamed** during the movie. 그녀는 영화 중에 소리쳤다.
□ **set** 412 [set]	몡 세트 동 놓다, 두다 흭 set up 시작하다	a **set** of tools 도구 한 세트 **set** a computer on the desk 컴퓨터를 책상 위에 놓다
□ **shop** 413 [ʃap]	몡 상점 동 쇼핑하다	go to the **shop** 상점에 가다 **shop** for clothes 옷을 쇼핑하다

☐ **rent** [414] [rent]	몡 세, 집세 통 빌리다	pay the **rent** 집세를 내다 **rent** a car 차를 빌리다
☐ **research** [415] 몡 [rísəːrtʃ] 통 [risəːrtʃ]	몡 연구, 조사 통 조사하다 🔵 researcher 몡 연구원	**Research** is important work. 조사는 중요한 일이다. They **researched** their family's history. 그들은 가족의 역사를 조사했다.
☐ **result** [416] [rizʌ́lt]	몡 결과 통 결과를 초래하다	It was a good **result**. 결과가 좋았다. **result** in failure 실패를 초래하다
☐ **return** [417] [ritə́ːrn]	몡 돌아옴, 왕복 통 돌아오다, 돌려주다	a **return** ticket 왕복 표 **return** a book to the library 책을 도서관에 돌려주다
☐ **remain** [418] [riméin]	통 (여전히) ~이다 통 남다	They **remained** friendly. 그들은 여전히 친했다. **remain** behind after school 방과 후에 남다
☐ **respond** [419] [rispánd]	통 대답하다, 반응하다 🔵 response 몡 대답	How did he **respond** to the news? 그는 그 소식에 어떻게 반응했니?
☐ **save** [420] [seiv]	통 구하다 통 아끼다, 저축하다	You **saved** my life. 네가 내 목숨을 구했다. the best way to **save** money 돈을 아끼는 가장 좋은 방법
☐ **scare** [421] [skɛər]	통 겁주다, 놀라게 하다 🔵 scary 톙 무서운, 겁나는	The angry dog **scared** the girls. 화난 개가 소녀들을 놀라게 했다.
☐ **right** [422] [rait]	톙 옳은 면 오른쪽으로 몡 권리	the **right** answer 정답 Turn **right** at the corner. 모퉁이에서 오른쪽으로 도세요. human **rights** 인권
☐ **rude** [423] [ruːd]	톙 무례한 🔵 impolite	Don't be **rude**. 무례하게 굴지 마.
☐ **separate** [424] 톙 [sépərət] 통 [sépəreit]	톙 분리된, 별개의 통 분리하다	Men and women use **separate** restrooms. 남자와 여자는 별개의 화장실을 사용한다. **separate** the clean and dirty clothes 깨끗한 옷과 더러운 옷을 분리하다
☐ **serious** [425] [síəriəs]	톙 심각한 톙 진지한	This is a **serious** mistake. 이것은 심각한 실수이다. He was a **serious** person. 그는 진지한 사람이었다.

Voca Up	**result + 전치사**

동사 result는 뒤에 from이 오면 '~의 결과로 발생하다', in이 오면 '(결과적으로) ~을 일으키다'라는 뜻이 된다.

EX. Success **results from** hard work. (성공은 열심히 일한 결과로 발생한다.)
Hard work **results in** success. (열심히 일한 결과는 성공을 초래한다.)

EXERCISE

정답 pp.170~175

A 빈칸에 알맞은 단어를 보기에서 골라 쓰세요. (형태 변경 가능)

right	rent	service	serious

1 The hotel has a laundry _____.

2 This is a _____ mistake.

3 I'd like to _____ a car.

4 Turn _____ at the corner.

B 빈칸에 알맞은 말을 넣어 어구를 완성하세요.

1 _____ a book (책을 돌려주다)

2 a useful _____ (유용한 기술)

3 _____ for clothes (옷을 쇼핑하다)

4 a bar of _____ (비누 한 개)

5 a _____ of tools (도구 한 세트)

C 우리말을 참고하여 문장 속에 알맞은 말을 써 넣으세요.

1 He played a major _____ in the movie. (그는 영화에서 중요한 역할을 했다.)

2 Would you _____ the clean and dirty clothes, please?
(깨끗한 옷과 더러운 옷을 분리해 주실래요?)

3 How did he _____ to the news? (그는 그 소식에 어떻게 반응했니?)

4 You _____ my life. (네가 내 목숨을 구했다.)

5 His _____ is soft and smooth. (그의 피부는 부드럽고 매끄럽다.)

D 단어와 영어 뜻을 연결하세요. 영영풀이

1 research ·   · ⓐ to happen because of something

2 signal   ·   · ⓑ something that gives a warning or information

3 result   ·   · ⓒ to collect and study information

4 scream ·   · ⓓ to make a loud, high cry

E 영어 단어를 듣고 받아 적은 후 그 단어의 뜻을 쓰세요. 받아쓰기 🎧

	English	Korean		English	Korean
1			14		
2			15		
3			16		
4			17		
5			18		
6			19		
7			20		
8			21		
9			22		
10			23		
11			24		
12			25		
13					

☐ **speed** 426
[spiːd]
명 속도
빠 speedy 형 속도가 있는, 빠른
drive the car at top **speed**
최고 속도로 운전하다

☐ **stomachache** 427
[stʌ́məkèik]
명 복통, 배탈
He has a **stomachache**. 그는 배가 아프다.

☐ **string** 428
[striŋ]
명 줄, 끈
a piece of **string** 끈 한 가닥

☐ **yard** 429
[jɑːrd]
명 마당
clean up the **yard** 마당을 치우다

☐ **summer** 430
[sʌ́mər]
명 여름
It was a long, hot **summer**.
길고 더운 여름이었다.

☐ **teamwork** 431
[tíːmwə̀ːrk]
명 협동 작업, 팀워크
encourage **teamwork** 팀워크를 강조하다

☐ **throat** 432
[θrout]
명 목, 인후
a sore **throat** 아픈 목

☐ **tip** 433
[tip]
명 팁, 사례금
명 힌트, 비결, 정보
명 끝
give the waiter a **tip** 웨이터에게 팁을 주다
some **tips** for the exam
시험을 위한 약간의 정보
the **tip** of my tongue 혀끝

☐ **title** 434
[táitl]
명 제목
명 직함
the **title** of this book 이 책의 제목
the official **title** 공식 직함

☐ **topic** 435
[tápik]
명 주제, 화제
a serious **topic** 심각한 주제

☐ **track** 436
[træk]
명 트랙, 경주로
명 흔적
a race **track** 경주 트랙
tracks in the snow 눈 속에 있는 자국

☐ **treasure** 437
[tréʒər]
명 보물
The museum has many **treasures**.
박물관에는 보물이 많이 있다.

☐ **truth** 438
[truːθ]
명 진실, 사실
빠 true 형 진실의, 사실의
tell the **truth** 사실을 말하다

☐ **university** [439] [jùːnəvə́ːrsəti]	몡 대학교	a **university** student 대학생
☐ **spill** [440] [spil] (spilt - spilt / spilled - spilled)	동 쏟다, 흘리다	Don't **spill** your coffee. 커피를 쏟지 마라.
☐ **steal** [441] [stiːl] (stole - stolen)	동 훔치다	Thieves will try to **steal** your wallet. 도둑들이 네 지갑을 훔치려고 할 것이다.
☐ **suck** [442] [sʌk]	동 빨다	The vacuum cleaner **sucked** up the dirt. 진공청소기가 먼지를 빨아들였다.
☐ **suggest** [443] [səgdʒést]	동 제안하다 ❶ suggestion 몡 제안	**suggest** going to a movie 영화 보러 가자고 제안하다
☐ **social** [444] [sóuʃəl]	형 사회의, 사교적인 ❶ society 몡 사회	He is not a **social** person. 그는 사교적인 사람이 아니다.
☐ **square** [445] [skwɛər]	형 정사각형의 몡 정사각형, 광장	a **square** table 정사각형 탁자 the town **square** 마을 광장
☐ **successful** [446] [səksésfəl]	형 성공한 ❶ success 몡 성공	a **successful** businessman 성공한 사업가
☐ **surprising** [447] [sərpráiziŋ]	형 놀라운	**surprising** news 놀라운 뉴스
☐ **originally** [448] [ərídʒənəli]	부 원래, 본래 ❶ original 형 원래의	It **originally** came from France. 그것은 원래 프랑스에서 왔다.
☐ **unfortunately** [449] [ʌnfɔ́ːrtʃənətli]	부 불행하게도, 안타깝게도 ❶ unfortunate 형 불행한	**Unfortunately**, I couldn't go to the party. 안타깝게도, 난 그 파티에 갈 수 없었다.
☐ **though** [450] [ðou]	부 그렇지만 접 ~이지만, ~에도 불구하고	He wants to be a star. It might be hard, **though**. 그는 스타가 되고 싶어 한다. 그렇지만 어려울 것이다. He finished the work, **though** he was tired. 그는 피곤했지만, 그 일을 끝냈다.

Voca Up	신체 부위 + -ache

신체 부위에 -ache(통증)가 결합되어 '~통, ~ 통증'이란 뜻이 된다.

EX. stomach + ache = stomachache(복통)   head + ache = headache(두통)
    tooth + ache = toothache(치통)   back + ache = backache(허리 통증)

A 빈칸에 알맞은 단어를 보기에서 골라 쓰세요. (형태 변경 가능)

social	treasure	tip	spill

1 He is not a _____ person.

2 Do not _____ your coffee.

3 The museum has many _____.

4 I gave the waiter a _____.

B 빈칸에 알맞은 말을 넣어 어구를 완성하세요.

1 a _____ student (대학생)

2 the _____ of this book (이 책의 제목)

3 a sore _____ (아픈 목)

4 drive the car at top _____ (최고 속도로 운전하다)

5 a _____ businessman (성공한 사업가)

C 우리말을 참고하여 문장 속에 알맞은 말을 써 넣으세요.

1 He _____ a _____. (그는 배가 아프다.)

2 Thieves will try to _____ your wallet.
(도둑들이 네 지갑을 훔치려고 할 것이다.)

3 We need good _____ to win the game.
(우리가 경기에서 이기려면 훌륭한 팀워크가 필요하다.)

4 He finished the work, _____ he was tired.
(그는 피곤했지만, 그 일을 끝냈다.)

5 It _____ came from France. (그것은 원래 프랑스에서 왔다.)

D 단어와 영어 뜻을 연결하세요. 영영풀이

1 social   ·
2 steal   ·
3 teamwork   ·
4 stomachache ·

· ⓐ to take something without permission
· ⓑ about groups of people; liking people
· ⓒ pain in the belly
· ⓓ working together

E 영어 단어를 듣고 받아 적은 후 그 단어의 뜻을 쓰세요. 받아쓰기 🎧

English	Korean	English	Korean
1		14	
2		15	
3		16	
4		17	
5		18	
6		19	
7		20	
8		21	
9		22	
10		23	
11		24	
12		25	
13			

DAY 19

MP3

☐ **suggestion** 451
[sədʒéstʃən]

명 제안
🔁 suggest 동 제안하다

My **suggestion** is to take a vacation.
내 제안은 휴가를 가라는 것이다.

☐ **addition** 452
[ədíʃən]

명 추가, 덧셈
🔁 add 동 더하다

Addition is the easiest type of math.
덧셈은 수학의 가장 쉬운 형식이다.

☐ **ambassador** 453
[æmbǽsədər]

명 대사, 사절

He's the French **ambassador**.
그는 프랑스 대사이다.

☐ **ambulance** 454
[æmbjuləns]

명 구급차

The **ambulance** arrived within 5 minutes.
구급차는 5분 안에 도착했다.

☐ **anger** 455
[ǽŋgər]

명 분노, 화
🔁 angry 형 화난

She felt **anger** toward him.
그녀는 그에 대해 분노를 느꼈다.

☐ **anybody** 456
[énibàdi]

대 누군가, 아무나

Is **anybody** here? 여기 누구 있어요?

☐ **apology** 457
[əpálədʒi]

명 사과, 사죄
🔁 apologize 동 사과하다

make an **apology** 사과를 하다

☐ **aquarium** 458
[əkwéəriəm]

명 수족관

We saw many fish in the **aquarium**.
우리는 수족관에서 물고기를 많이 보았다.

☐ **argument** 459
[á:rgjumənt]

명 논쟁, 말다툼, 논거
🔁 argue 동 논쟁하다

have an **argument** 말다툼하다

☐ **west** 460
[west]

명 서쪽
형 서쪽의
부 서쪽에서

The sun sets in the **west**. 태양은 서쪽에서 진다.
the **west** side of the town 마을의 서쪽 편
We looked **west** to see the sunset.
우리는 일몰을 보기 위해 서쪽을 보았다.

☐ **type** 461
[taip]

명 종류
동 타자를 치다

What **type** of car is that? 그 차는 어떤 종류야?
type the report on the computer
보고서를 컴퓨터에 타자로 치다

☐ **watch** 462
[wɑtʃ]

명 시계
동 보다, 지켜보다
🔵 watch out 주의하다,
조심하다

Check your **watch**. 시계를 확인해 봐.
watch a movie 영화를 보다

☐ **wire** 463
[waiər]

명 전선, 철조망
동 송금하다

The fence is made of **wire**.
울타리는 철조망으로 되어 있다.
I'll **wire** you some money tomorrow.
내일 너한테 돈을 좀 송금할게.

□ **worry** [464](#) [wə́:ri]	명 걱정, 근심 동 걱정하다	The economy is our biggest **worry**. 경제가 우리의 최대의 걱정이다. Mothers **worry** about their children. 엄마들은 자식들을 걱정한다.
□ **account** [465](#) [əkáunt]	명 계좌, 설명 동 설명하다	a bank **account** 은행 계좌 Can you **account** for his rude behavior? 넌 그의 무례한 행동을 설명할 수 있니?
□ **aim** [466](#) [eim]	명 목표, 목적 동 목표로 삼다	My **aim** is to become a lawyer. 내 목표는 변호사가 되는 것이다. I **aim** to succeed in business. 난 사업에서 성공하는 것을 목표로 삼고 있다.
□ **award** [467](#) [əwɔ́:rd]	명 상, 상금 동 수여하다	win an **award** 상을 받다 She **awarded** him a medal. 그녀는 그에게 메달을 수여했다.
□ **unbelievable** [468](#) [ʌnbilí:vəbl]	형 믿을 수 없는 ⊕ incredible	Your story is really **unbelievable**. 네 이야기는 정말 믿을 수 없어.
□ **underground** [469](#) 형 [ʌndərgràund] 부 [ʌndərgráund]	형 지하의, 땅속의 부 지하에서, 땅속에서	an **underground** tunnel 지하 터널 The miners work **underground**. 광부들은 지하에서 일한다.
□ **unlike** [470](#) [ʌnláik]	형 닮지 않은 전 ~와는 달리 ⊕ like 형 닮은, ~와 같은	They are **unlike** each other. 그들은 서로 닮지 않았다. I am short, **unlike** my mother. 나는 엄마와는 달리, 키가 작다.
□ **unusual** [471](#) [ʌnjú:ʒuəl]	형 특이한, 드문 ⊕ usual 형 보통의	an **unusual** style 특이한 스타일
□ **wise** [472](#) [waiz]	형 현명한 ⊕ wisdom 명 지혜, 현명함	Be **wise** with your money. 돈을 현명하게 써라.
□ **worse** [473](#) [wərs] (bad/badly - worse - worst)	형 더 나쁜, 더 심한 부 더 나쁘게, 더 심하게	The food is bad and the service is **worse**. 음식은 형편없고 서비스는 더 형편없다. She cooked **worse** than ever. 그녀의 요리는 그 어느때보다도 더 나빠졌다.
□ **worthless** [474](#) [wə́:rθlis]	형 가치 없는	The car is old and **worthless**. 그 차는 낡고 가치가 없다.
□ **able** [475](#) [éibl]	형 ~할 수 있는	She is **able** to swim very well. 그녀는 수영을 매우 잘 할 수 있다.

Voca Up　　　**un- + 형용사**

형용사 앞에 un-을 붙여 반대말을 만든다.
EX. un + believable = unbelievable(믿을 수 없는)　　un + like = unlike(닮지 않은)
　　 un + important = unimportant(중요하지 않은)　　un + usual = unusual(특이한)

EXERCISE

정답 pp.170~175

A 빈칸에 알맞은 단어를 보기에서 골라 쓰세요. (형태 변경 가능)

unlike	west	ambassador	aim

1 He is the French _____.

2 I am kind, _____ my brother.

3 The sun sets in the _____.

4 My _____ is to become a lawyer.

B 빈칸에 알맞은 말을 넣어 어구를 완성하세요.

1 win an _____ (상을 받다)

2 the biggest _____ (가장 큰 걱정)

3 an _____ train station (지하철역)

4 Be _____ with your money. (돈을 현명하게 써라.)

5 make an _____ (사과를 하다)

C 우리말을 참고하여 문장 속에 알맞은 말을 써 넣으세요.

1 The food is bad and the service is _____.
(음식은 형편없고 서비스는 더 형편없다.)

2 My _____ is to take a vacation. (내 제안은 휴가를 가라는 것이다.)

3 I'd like to open an _____. (계좌를 개설하고 싶습니다.)

4 We saw many fish in the _____. (우리는 수족관에서 물고기를 많이 보았다.)

5 I had an _____ with him for an hour. (난 한 시간 동안 그와 말다툼했다.)

D 단어와 영어 뜻을 연결하세요. 영영풀이

1 underground ·　　　　　　· ⓐ a prize or recognition

2 ambassador ·　　　　　　· ⓑ beneath the ground

3 wise　　　·　　　　　　· ⓒ having good judgment

4 award　　·　　　　　　· ⓓ a person who represents his or
　　　　　　　　　　　　　her country in another country

E 영어 단어를 듣고 받아 적은 후 그 단어의 뜻을 쓰세요. 받아쓰기 🎧

English	Korean	English	Korean
1		14	
2		15	
3		16	
4		17	
5		18	
6		19	
7		20	
8		21	
9		22	
10		23	
11		24	
12		25	
13			

DAY 20

MP3

□ **athlete** 476
[ǽθliːt]
- 몡 운동선수
- ⓢ athlete's foot 몡 무좀

Olympic **athletes** are great heroes.
올림픽 운동선수들은 훌륭한 영웅들이다.

□ **attention** 477
[əténʃn]
- 몡 관심, 주의
- ⓟ attend 동 주의를 기울이다, 참석하다

Pay **attention** to your teacher.
네 선생님께 주의를 기울여라.

□ **background** 478
[bǽkgràund]
- 몡 배경

the **background** of your painting
당신 그림의 배경

□ **banner** 479
[bǽnər]
- 몡 현수막, 배너

hang a **banner** 현수막을 내걸다

□ **antarctic** 480
[æntáːrktik]
- 몡 남극
- 혭 남극의
- ⓟ arctic 몡 북극 혭 북극의

Explorers travelled across the **Antarctic**.
탐험가들은 남극을 횡단했다.
Antarctic animals 남극 동물들

□ **tap** 481
[tæp]
- 몡 수도꼭지
- 동 가볍게 두드리다

turn off the **tap** 수도꼭지를 잠그다
tap my fingers on the desk
책상에 손가락을 가볍게 두드리다

□ **weigh** 482
[wei]
- 동 무게가 나가다, 무게를 재다
- ⓟ weight 몡 무게

She **weighs** herself every week.
그녀는 매주 몸무게를 잰다.

□ **achieve** 483
[ətʃíːv]
- 동 성취하다, 달성하다
- ⓟ achievement 몡 업적, 성취

achieve a goal 목표를 달성하다

□ **admire** 484
[ædmáiər]
- 동 존경하다, 감탄하다
- ⓟ admiration 몡 존경, 감탄

Is there anyone you **admire**?
네가 존경하는 사람이 있니?

□ **advise** 485
[ədváiz]
- 동 조언하다
- ⓟ advice [ədváis] 몡 조언

advise the boys to be ambitious
소년들에게 야망을 가지라고 조언하다

□ **affect** 486
[əfékt]
- 동 영향을 주다

The news didn't **affect** her life.
그 소식은 그녀의 생활에 영향을 주지 않았다.

□ **announce** 487
[ənáuns]
- 동 발표하다

He seems to have something to **announce**.
그는 뭔가 발표할 게 있는 것 같다.

□ **appreciate** 488
[əpríːʃièit]
- 동 감사하다
- 동 감상하다

appreciate your help 당신의 도움에 감사하다
appreciate literature 문학을 감상하다

☐ **argue** [489] [ɑ́:rɡju:]	통 논쟁하다, 말다툼하다	Don't **argue** about the money. 돈에 대해 논쟁하지 마.
☐ **attract** [490] [ətrǽkt]	통 유혹하다, 끌다	The shop **attracts** lots of customers. 이 상점은 많은 손님들을 유혹한다.
☐ **beat** [491] [bi:t] (beat - beaten)	통 이기다, 물리치다 통 때리다, 두드리다	We **beat** the other team by six points. 우리는 상대팀을 6점 차로 이겼다. **beat** a drum 북을 두드리다
☐ **beg** [492] [beɡ] (begged - begged)	통 구걸하다, 부탁하다	I **begged** him to help me. 나는 그에게 도와달라고 부탁했다.
☐ **behave** [493] [bihéiv]	통 (바르게) 행동하다	**Behave** yourself. 바르게 행동해라.
☐ **breathe** [494] [bri:ð]	통 숨 쉬다 파 breath [breθ] 명 숨, 호흡	**breathe** slowly and deeply 천천히 그리고 깊게 숨 쉬다
☐ **usual** [495] [júːʒuəl]	형 보통의, 일상적인 파 usually 부 일상적으로, 대개	He takes his **usual** walk. 그는 일상적인 산책을 나선다.
☐ **artificial** [496] [ɑ̀:rtəfíʃəl]	형 인공의, 인위적인 반 natural 형 자연적인	**artificial** flavor 인공적인 향
☐ **ashamed** [497] [əʃéimd]	형 창피한, 수치스러운	I'm **ashamed** of his rudeness. 나는 그의 무례함이 창피하다.
☐ **available** [498] [əvéiləbl]	형 이용 가능한	**available** products 이용 가능한 상품들
☐ **awake** [499] [əwéik]	형 잠이 깬 통 깨다, 일깨우다	I'm totally **awake** now. 난 이제 완전히 잠이 깼어. The song **awakes** strong feelings in me. 그 노래는 내 안에 있는 강한 감정을 깨운다.
☐ **burning** [500] [bə́:rniŋ]	형 불타는	We ran out of the **burning** building. 우리는 불타는 건물에서 뛰어나왔다.

Voca Up   서술어로만 쓰이는 형용사

대부분의 형용사는 명사를 꾸미거나 be동사류와 함께 서술어로 모두 쓰이는데, 일부 형용사는 서술어로만 쓰인다.

EX She **was ashamed** of her behavior. (그녀는 자신의 행동이 창피했다.)
He **was awake** when I called him. (내가 전화했을 때 그는 깨어 있었다.)
The baby **fell asleep**. (아기가 잠이 들었다.)

EXERCISE

정답 pp.170~175

A 빈칸에 알맞은 단어를 보기에서 골라 쓰세요. (형태 변경 가능)

affect	beat	ashamed	usual

1 The news didn't _____ her life.

2 He takes his _____ walk.

3 We _____ the other team by six points.

4 I'm _____ of his rudeness.

B 빈칸에 알맞은 말을 넣어 어구를 완성하세요.

1 _____ animals (남극 동물들)

2 _____ my fingers on the desk (책상에 손가락을 가볍게 두드리다)

3 _____ your help (네 도움에 감사하다)

4 _____ yourself (바르게 행동하다)

5 _____ a goal (목표를 달성하다)

C 우리말을 참고하여 문장 속에 알맞은 말을 써 넣으세요.

1 We ran out of the _____ building. (우리는 불타는 건물에서 뛰어나왔다.)

2 The shop _____ lots of customers. (이 상점은 많은 손님들을 유혹한다.)

3 The teacher _____ the boys to be ambitious.
(선생님은 소년들에게 야망을 가지라고 조언하셨다.)

4 He seems to have something to _____.
(그는 뭔가 발표할 게 있는 것 같다.)

5 Pay _____ to your teacher. (네 선생님께 주의를 기울여라.)

D 단어와 영어 뜻을 연결하세요. 영영풀이

1 athlete ·   · ⓐ a person who plays sports

2 weigh ·   · ⓑ to plead or ask with great wanting

3 breathe ·   · ⓒ to move air in and out of the lungs

4 beg ·   · ⓓ to measure how heavy something is
                          with a scale

E 영어 단어를 듣고 받아 적은 후 그 단어의 뜻을 쓰세요. 받아쓰기 🎧

English	Korean	English	Korean
1		14	
2		15	
3		16	
4		17	
5		18	
6		19	
7		20	
8		21	
9		22	
10		23	
11		24	
12		25	
13			

□ **battle** 501 [bǽtl]	명 싸움, 전투	fight a **battle** 전투를 치르다
□ **beginning** 502 [biɡíniŋ]	명 시작, 처음	The **beginning** was better than the end. 시작이 끝보다 더 나았다.
□ **belief** 503 [bilíːf]	명 믿음, 신념 ⑩ believe 통 믿다	Many people have a **belief** in God. 많은 사람들이 신에 대한 믿음을 갖고 있다.
□ **biology** 504 [baiɑ́lədʒi]	명 생물학	**Biology** is the study of life. 생물학은 생물에 관한 공부이다.
□ **birth** 505 [bəːrθ]	명 탄생, 출산 ⑩ birthday 명 생일	give **birth** 출산을 하다
□ **bit** 506 [bit]	명 약간, 조금	a small **bit** of cake 약간의 케이크
□ **bubble** 507 [bʌ́bl]	명 거품	blow **bubbles** 거품을 불다
□ **branch** 508 [bræntʃ]	명 가지 명 지점	a tree **branch** 나뭇가지 a bank **branch** 은행 지점
□ **budget** 509 [bʌ́dʒit]	명 예산	Make a **budget** for your trip. 여행 예산을 짜 봐.
□ **capital** 510 [kǽpitəl]	명 수도 명 대문자 명 자본	Rome is the **capital** of Italy. 로마는 이태리의 수도이다. write with **capitals** 대문자로 쓰다 foreign **capital** 해외 자본
□ **chain** 511 [tʃein]	명 사슬 명 체인점	be kept on a **chain** 사슬에 묶여 있다 He owns a **chain** of restaurants. 그는 식당 체인점을 가지고 있다.
□ **cheek** 512 [tʃiːk]	명 뺨, 볼	Her **cheek** is pink. 그녀의 뺨은 분홍색이다.
□ **base** 513 [beis]	명 기초, 토대 통 기초를 두다	the **base** of the building 건물의 기초 The movie is **based** on a true story. 이 영화는 실화에 기초를 둔 것이다.

☐ **bend** 514 [bend] (bent - bent)	몡 굽음, 굴곡 통 구부리다, 휘다	a **bend** in the road 도로의 굽은 곳 **bend** the iron bar 쇠막대를 구부리다
☐ **bet** 515 [bet]	몡 내기, 배팅 통 (내기에 돈을) 걸다	make a **bet** 내기하다 **bet** money on a horse race 경마에 돈을 걸다
☐ **blend** 516 [blend]	몡 혼합, 혼합물 통 섞다, 혼합하다 옌 blender 몡 섞는 것, 믹서	Gray is a **blend** of black and white. 회색은 검은색과 흰색의 혼합이다. **blend** food in a blender 믹서기로 음식을 섞다
☐ **cheat** 517 [tʃiːt]	몡 부정행위, 사기꾼 통 속이다, 부정행위를 하다	That man is a **cheat**. 저 남자는 사기꾼이다. **cheat** on the test 시험에서 부정행위를 하다
☐ **bear** 518 [bɛər] (bore - born)	통 참다 윤 stand	I can't **bear** the sound of children crying. 난 아이들 우는 소리를 참을 수가 없다.
☐ **discuss** 519 [diskʌ́s]	통 의논하다 옌 discussion 몡 의논, 토론	**discuss** the problem 그 문제에 대해 의논하다
☐ **aboard** 520 [əbɔ́ːrd]	뷰 (배나 비행기 등을) 타고 젠 ~을 타고	We went **aboard**. 우리는 승선을 했다. I climbed **aboard** the ship. 나는 배에 올라탔다.
☐ **anytime** 521 [énitàim]	뷰 언제든지	Please visit **anytime**. 언제든지 방문하세요.
☐ **anywhere** 522 [énihwɛ̀ər]	뷰 어디든지	This car can take you **anywhere** you want to go. 이 차가 네가 원하는 곳이면 어디든지 데려다줄 거야.
☐ **badly** 523 [bǽdli] (worse - worst)	뷰 나쁘게, 심하게	**badly** hurt from the accident 사고로 심하게 다친
☐ **although** 524 [ɔːlðóu]	접 비록 ~일지라도 윤 even though	I was happy, **although** I had no money. 비록 돈은 없을지라도 나는 행복했다.
☐ **beside** 525 [bisáid]	젠 ~의 곁에, ~ 옆에 윤 next to	wait **beside** the road for an ambulance 길 옆에서 구급차를 기다리다

Voca Up   양보의 접속사

'비록 ~이지만'을 나타내는 접속사에는 although, even though, though 등이 있으며, 같은 뜻을 가진 전치사
(구)로는 despite와 in spite of가 있다.

EX. **Despite** the bad weather, he went out for dinner.
　　(날씨가 좋지 않았지만, 그는 저녁을 먹으러 나갔다.)
　　In spite of the rain, they kept running. (비록 비가 왔지만, 그들은 계속 달렸다.)

EXERCISE

정답 pp.170~175

A 빈칸에 알맞은 단어를 보기에서 골라 쓰세요. (형태 변경 가능)

> capital   anytime   belief   bet

1 Many people have a _____ in God.

2 I like to _____ money on horse races.

3 Rome is the _____ of Italy.

4 Please visit _____.

B 빈칸에 알맞은 말을 넣어 어구를 완성하세요.

1 climb _____ the ship (배에 올라타다)

2 a _____ of restaurants (식당 체인점)

3 blow _____ (거품을 불다)

4 fight a _____ (전투를 치르다)

5 a small _____ of cake (약간의 케이크)

C 우리말을 참고하여 문장 속에 알맞은 말을 써 넣으세요.

1 The movie is _____ on a true story. (이 영화는 실화에 기초를 둔 것이다.)

2 Gray is a _____ of black and white. (회색은 검은색과 흰색의 혼합이다.)

3 The _____ was better than the end. (시작이 끝보다 더 나았다.)

4 Make a _____ for your trip. (여행 예산을 짜 봐.)

5 Her _____ is pink. (그녀의 뺨은 분홍색이다.)

D 단어와 영어 뜻을 연결하세요. 영영풀이

1 battle   ·   · ⓐ the first part

2 beginning ·   · ⓑ to act dishonestly

3 birth   ·   · ⓒ the process or fact of being born

4 cheat   ·   · ⓓ a violent fight

E 영어 단어를 듣고 받아 적은 후 그 단어의 뜻을 쓰세요. 받아쓰기 🎧

English	Korean	English	Korean
1		14	
2		15	
3		16	
4		17	
5		18	
6		19	
7		20	
8		21	
9		22	
10		23	
11		24	
12		25	
13			

☐ **chest** 526 [tʃest]	명 가슴 명 상자	Gorillas have big **chests**. 고릴라는 가슴이 넓다. a treasure **chest** 보물 상자
☐ **chemical** 527 [kémikəl]	명 화학 물질 형 화학적인	a poisonous **chemical** 독성이 있는 화학 물질 **chemical** product 화학 제품
☐ **chimney** 528 [tʃímni]	명 굴뚝	Smoke came out of the **chimney**. 연기가 굴뚝에서 나왔다.
☐ **chin** 529 [tʃin]	명 턱	I cut my **chin** while shaving. 나는 면도하다가 턱을 베었다.
☐ **choir** 530 [kwáiər]	명 합창단, 성가대	I sing in a **choir** on Sundays. 난 일요일마다 성가대에서 노래를 한다.
☐ **coast** 531 [koust]	명 해안, 해변	We drove to the east **coast**. 우리는 동쪽 해안으로 운전해 갔다.
☐ **collection** 532 [kəlékʃən]	명 수집, 수집품 ⊕ collect 동 수집하다	a **collection** of paintings 그림 수집품
☐ **column** 533 [káləm]	명 칼럼 명 기둥	a newspaper **column** 신문 칼럼 the **columns** of the building 건물의 기둥들
☐ **construction** 534 [kənstrʌ́kʃən]	명 건설, 공사 ⊕ construct 동 건설하다	a **construction** worker 건설 근로자 under **construction** 공사 중
☐ **cotton** 535 [kátn]	명 면, 목화	made of **cotton** 면으로 만든
☐ **counselor** 536 [káunsələr]	명 상담역, 고문	I work as a school **counselor**. 나는 학교 상담역으로 일하고 있다.
☐ **bump** 537 [bʌmp]	명 혹 명 장애물 동 부딪히다	a **bump** in my head 내 머리의 혹 a **bump** in the road 도로의 장애물 He **bumped** me on the shoulder. 그는 나와 어깨를 부딪혔다.
☐ **comfort** 538 [kʌ́mfərt]	명 위로, 편안함 동 위로하다	We live in great **comfort**. 우리는 매우 편안하게 살고 있다. He **comforted** the dead man's wife. 그는 고인의 아내를 위로했다.

□ **command** 539 [kəmǽnd]	몡 명령 图 명령하다 ❶ commander 몡 명령하는 사람, 사령관	give a **command** to his men 부하들에게 명령을 내리다 **command** us to leave the building 건물을 떠나라고 우리에게 명령하다
□ **comment** 540 [kάment]	몡 의견, 논평 图 언급하다	an interesting **comment** 흥미로운 논평 The teacher **commented** on my good score. 선생님은 나의 좋은 점수에 대해 언급하셨다.
□ **chop** 541 [tʃɑp]	图 자르다	**chop** down trees 나무를 자르다
□ **compete** 542 [kəmpíːt]	图 경쟁하다 ❶ competition 몡 경쟁	I always **compete** with my sister. 난 항상 언니와 경쟁한다.
□ **complain** 543 [kəmpléin]	图 불평하다 ❶ complaint 몡 불평, 항의	**complain** about the price of food 음식값에 대해 불평하다
□ **compose** 544 [kəmpóuz]	图 구성하다 图 작곡하다 ❶ composer 몡 작곡가	The club is **composed** of freshmen. 그 동호회는 신입생들로 구성된다. **compose** a song 노래를 작곡하다
□ **conquer** 545 [kάŋkər]	图 정복하다 ❶ conquest 몡 정복	The army **conquered** the whole city. 군대가 도시 전체를 정복했다.
□ **challenging** 546 [tʃǽlindʒiŋ]	혱 도전적인, 의욕을 복돋우는	a **challenging** problem 도전적인 문제
□ **cheerful** 547 [tʃíərfəl]	혱 쾌활한	She is always bright and **cheerful**. 그녀는 항상 밝고 쾌활하다.
□ **chief** 548 [tʃiːf]	혱 최고의, 고위의 혱 주요한	a **chief** editor 편집장 **chief** cause of the flood 홍수의 주요한 원인
□ **concrete** 549 [kάnkriːt]	혱 구체적인 ❹ abstract 혱 추상적인	My plans are not **concrete**. 내 계획은 구체적이지 않다.
□ **confident** 550 [kάnfədənt]	혱 자신 있는, 확신하는 ❶ confidence 몡 자신감	Everyone is **confident** in your abilities. 모두가 너의 능력을 확신한다.

Voca Up	ch의 다양한 발음

ch는 보통 [tʃ] 발음이 많이 나지만, 단어에 따라 다양하게 발음된다.

EX. [tʃ] – challenging [tʃǽlindʒiŋ]   church [tʃəːrtʃ]   children [tʃíldrən]

[k] – stomach [stʌ́mək]   chemical [kémikəl]   architect [άːrkətèkt]

[ʃ] – machine [məʃíːn]

EXERCISE

정답 pp.170~175

A 빈칸에 알맞은 단어를 보기에서 골라 쓰세요. (형태 변경 가능)

> conquer   compete   chimney   comfort

1 Smoke came out of the _____.

2 We live in great _____.

3 I always _____ with my sister.

4 The army _____ the whole city.

B 빈칸에 알맞은 말을 넣어 어구를 완성하세요.

1 _____ down trees (나무를 자르다)

2 a _____ problem (도전적인 문제)

3 _____ cause of the flood (홍수의 주요한 원인)

4 a _____ in the road (도로의 장애물)

5 a treasure _____ (보물 상자)

C 우리말을 참고하여 문장 속에 알맞은 말을 써 넣으세요.

1 I work as a school _____. (나는 학교 상담역으로 일하고 있다.)

2 She is always bright and _____. (그녀는 항상 밝고 쾌활하다.)

3 My plans are not _____. They might change.
(내 계획은 구체적이지 않다. 바뀔 수도 있다.)

4 They _____ us to leave the building.
(그들은 우리에게 건물을 떠나라고 명령했다.)

5 We drove to the east _____. (우리는 동쪽 해안으로 운전해 갔다.)

D 단어와 영어 뜻을 연결하세요. 영영풀이

1 complain ·

2 compose ·

3 bump   ·

4 compete ·

· ⓐ a swollen or raised area

· ⓑ to say that something is wrong or bad ·

· ⓒ to make or create

· ⓓ to try to win

E 영어 단어를 듣고 받아 적은 후 그 단어의 뜻을 쓰세요. 받아쓰기 🎧

English	Korean	English	Korean
1		14	
2		15	
3		16	
4		17	
5		18	
6		19	
7		20	
8		21	
9		22	
10		23	
11		24	
12		25	
13			

MP3

☐ **couple** 551
[kʌ́pl]
명 한 쌍, 커플
a married **couple** 결혼한 커플

☐ **custom** 552
[kʌ́stəm]
명 관습
복 customs 세관
traditional **customs** of the country
나라의 전통적인 관습
customs at the airport 공항 세관

☐ **death** 553
[deθ]
명 죽음
형 dead 형 죽은
the **death** of the old man 그 노인의 죽음

☐ **decision** 554
[disíʒən]
명 결정, 결심
파 decide 동 결심하다
a difficult **decision** 어려운 결심

☐ **dedication** 555
[dèdikéiʃən]
명 헌신
파 dedicate 동 헌신하다
work with great **dedication** and energy
엄청난 헌신과 힘을 가지고 일하다

☐ **degree** 556
[diɡríː]
명 학위
명 (각도·온도계 등) 도
receive a **degree** in science from a university
대학에서 이공계 학위를 받다
The temperature increased by three **degrees**.
온도가 3도 올랐다.

☐ **detail** 557
[díːteil]
명 세부 사항
숙 in detail 자세하게
Tell me every **detail** of the story.
나에게 그 이야기의 세부 사항을 모두 말해 줘.

☐ **dictionary** 558
[díkʃənèri]
명 사전
look up in the **dictionary** 사전을 찾아보다

☐ **disadvantage**
[dìsədvǽntidʒ] 559
명 불리, 불리한 점
There are many **disadvantages**.
불리한 점이 많이 있다.

☐ **distance** 560
[dístəns]
명 거리
a **distance** of 5 kilometers 5킬로미터의 거리

☐ **drawing** 561
[drɔ́ːiŋ]
명 그림
파 draw 동 그리다
Her **drawing** is very creative.
그녀의 그림은 무척 창의적이다.

☐ **concern** 562
[kənsə́ːrn]
명 걱정, 관심
동 걱정하게 하다
The problem is not your **concern**.
그 문제는 너의 걱정거리가 아니다.
I'm **concerned** about your health.
나는 너의 건강이 걱정이다.

☐ **crack** 563
[kræk]
명 균열, 금
동 갈라지다, 금이 가다
a **crack** on the wall 벽에 간 금
The ground **cracked**. 땅이 갈라졌다.

□ **crash** 564 [kræʃ]	명 충돌 동 충돌하다	a plane **crash** 비행기 충돌 The ships **crashed** and sank. 배가 충돌하여 가라앉았다.
□ **damage** 565 [dǽmidʒ]	명 피해, 손해 동 손상을 입히다, 손상되다	The typhoon caused lots of **damage**. 태풍이 많은 피해를 가져왔다. The crash **damaged** my car. 그 충돌이 내 차를 손상시켰다.
□ **deliver** 566 [dilívər]	동 배달하다 파 delivery 명 배달	We **deliver** pizzas to people's houses. 우리는 사람들의 집으로 피자를 배달한다.
□ **depend** 567 [dipénd]	동 ~에 달려 있다[의존하다] 파 dependent 형 의존적인	**depend** on help from others 다른 사람들의 도움에 의존하다
□ **describe** 568 [diskráib]	동 묘사하다, 설명하다	**Describe** his appearance. 그의 외모를 묘사해 봐.
□ **differ** 569 [dífər]	동 다르다 파 different 형 다른 difference 명 다름	Our opinions on Mozart **differ**. 모차르트에 대한 우리 의견은 다르다.
□ **dig** 570 [dig] (dug - dug)	동 파다	**dig** a hole in the ground 땅에 구멍을 파다
□ **direct** 571 [dirékt, dairékt]	동 지도하다, 감독하다 형 직접적인 파 indirect 형 간접적인	**direct** a movie 영화를 감독하다 He speaks in a very **direct** way. 그는 매우 직접적인 방식으로 말한다.
□ **depressed** 572 [diprést]	형 우울한, 의기소침한	He gets **depressed** easily. 그는 쉽게 의기소침해진다.
□ **disposable** 573 [dispóuzəbl]	형 일회용의	**disposable** paper cups 일회용 종이컵
□ **downward** 574 [dáunwərd]	형 내려가는, 하향의 부 아래쪽으로	a **downward** trend 하향 추세 Why does water flow **downward**? 왜 물은 아래쪽으로 흐를까?
□ **correct** 575 [kərékt]	형 정확한, 옳은 파 incorrect 형 옳지 않은 동 수정하다, 바로잡다	a **correct** answer 정확한 대답 **correct** the mistakes 실수를 바로잡다

Voca Up　　　　　반대의 dis-

단어 앞에 dis-를 붙이면 반대의 뜻이 된다.

EX. dis + advantage(유리한 점) = disadvantage(불리한 점)

dis + agree(동의하다) = disagree(동의하지 않다)

dis + appear(나타나다) = disappear(사라지다)

dis + honest(정직한) = dishonest(정직하지 않은)

A 빈칸에 알맞은 단어를 보기에서 골라 쓰세요. (형태 변경 가능)

> direct   deliver   degree   detail

1 The temperature increased by three _____.

2 Tell me every _____ of the story.

3 He speaks in a very _____ way.

4 We _____ pizza to people's houses.

B 빈칸에 알맞은 말을 넣어 어구를 완성하세요.

1 a married _____ (결혼한 커플)

2 _____ the mistakes (실수를 바로잡다)

3 a _____ of 5 kilometers (5킬로미터의 거리)

4 look up in the _____ (사전을 찾아보다)

5 a _____ trend (하향 추세)

C 우리말을 참고하여 문장 속에 알맞은 말을 써 넣으세요.

1 _____ his appearance. (그의 외모를 묘사해 봐라.)

2 Our opinions on Mozart _____. (모차르트에 대한 우리 의견은 다르다.)

3 I'm _____ about your health. (나는 너의 건강이 걱정이다.)

4 I know he works with great _____ and energy.
(나는 그가 엄청난 헌신과 힘을 가지고 일한다는 것을 알고 있다.)

5 He bought a _____ razor for his trip.
(그는 여행용으로 일회용 면도기를 샀다.)

D 단어와 영어 뜻을 연결하세요. 영영풀이

1 damage ·   · ⓐ the end of life

2 death ·   · ⓑ picture made with a pen or pencil

3 crash ·   · ⓒ harm

4 drawing ·   · ⓓ to collide violently

E 영어 단어를 듣고 받아 적은 후 그 단어의 뜻을 쓰세요. 받아쓰기 🎧

English	Korean	English	Korean
1		14	
2		15	
3		16	
4		17	
5		18	
6		19	
7		20	
8		21	
9		22	
10		23	
11		24	
12		25	
13			

| □ **dust** 576 [dʌst] | 명 먼지 파 dusty 형 먼지투성이의 | The house was full of **dust**. 집이 먼지로 가득했다. |

| □ **duty** 577 [djú:ti] | 명 의무 | A police officer's **duty** is to protect people. 경찰관의 의무는 사람들을 보호하는 것이다. |

| □ **east** 578 [i:st] | 명 동쪽 형 동쪽의 부 동쪽으로 | The wind blew from the **east**. 바람이 동쪽에서 불어왔다. the **east** part of China 중국의 동부 The plane flew **east** for three hours. 비행기는 동쪽으로 3시간 동안 비행했다. |

| □ **election** 579 [ilékʃən] | 명 선거, 투표 파 elect 동 선거하다, 투표하다 | He won the **election** last year. 그는 작년에 선거에서 승리했다. |

| □ **electricity** 580 [ilektrísəti] | 명 전기 | The car uses **electricity**, not gas. 그 차는 휘발유가 아니라 전기로 간다. |

| □ **enemy** 581 [énəmi] | 명 적, 적군 | We must fight our **enemies** and win. 우리는 적과 싸워 이겨야 한다. |

| □ **escalator** 582 [éskəlèitər] | 명 에스컬레이터 | Use the **escalator** to go upstairs. 위층으로 가려면 에스컬레이터를 이용하세요. |

| □ **exhibition** 583 [èksəbíʃən] | 명 전시 | an art **exhibition** 미술 전시 |

| □ **expense** 584 [ikspéns] | 명 비용, 지출 파 expensive 형 비싼, 돈이 많이 드는 | I will pay for the **expense**. 내가 그 비용을 지불할 것이다. |

| □ **extreme** 585 [ikstrí:m] | 명 극단 형 극단적인, 지나친 파 extremely 부 극도로 | from one **extreme** to the other 극단에서 극단으로 Your actions are too **extreme**. 네 행동은 지나치게 극단적이다. |

| □ **fantasy** 586 [fæntəsi] | 명 공상, 상상 파 fantastic 형 환상적인 | He reads lots of **fantasy** books. 그는 공상 소설을 많이 읽는다. |

| □ **effect** 587 [ifékt] | 명 영향, 효과 파 effective 형 효과적인 | Health has a big **effect** on happiness. 건강은 행복에 큰 영향을 미친다. |

| □ **dive** 588 [daiv] | 명 잠수, 다이빙 동 잠수하다, 다이빙하다 | a long **dive** 긴 잠수 **dive** into water 물속으로 다이빙하다 |

☐ **escape** 589 [iskéip]	몡 탈출 통 탈출하다	make an **escape** 탈출하다 Three criminals **escaped** from the prison. 세 명의 범죄자가 감옥에서 탈출했다.
☐ **disagree** 590 [dìsəgríː]	통 동의하지 않다 世 agree 통 동의하다	**disagree** with the boss 상사의 의견에 동의하지 않다
☐ **disappear** 591 [dìsəpíər]	통 사라지다 世 appear 통 나타나다	He just **disappeared**. 그가 그냥 사라졌다.
☐ **earn** 592 [əːrn]	통 벌다, 얻다	She **earns** lots of money. 그녀는 돈을 많이 번다.
☐ **embarrass** 593 [imbǽrəs]	통 당황하게 하다 世 embarrassment 몡 난처, 당황	**embarrass** him with personal questions 개인적인 질문으로 그를 당황하게 하다
☐ **electric** 594 [iléktrik]	혱 전기의	an **electric** train 전기 기차
☐ **elementary** 595 [èləméntəri]	혱 초등의, 기본의	My sister goes to **elementary** school. 내 여동생은 초등학교에 다닌다.
☐ **empty** 596 [émpti]	혱 텅 빈 世 full 혱 가득 찬	The refrigerator is **empty**. 냉장고가 텅 비어 있다.
☐ **endless** 597 [éndlis]	혱 끝없는, 무한한	The amount of food seemed **endless**. 음식의 양이 끝없는 듯했다.
☐ **extra** 598 [ékstrə]	혱 추가의, 여분의 뷔 추가로	He works **extra** hours. 그는 시간 외 근무를 한다. pay **extra** 추가로 지불하다
☐ **evil** 599 [íːvəl]	혱 사악한 몡 악	an **evil** grin 사악한 웃음 discuss the meaning of good and **evil** 선과 악의 의미에 대해 토론하다
☐ **familiar** 600 [fəmíljər]	혱 익숙한, 낯익은 世 unfamiliar 혱 낯선	Are you **familiar** with this product? 이 제품에 익숙하니?

Voca Up　　　　**-less**

명사 끝에 -less를 붙이면 '~이 없는'의 뜻이 된다.

EX. end(끝) + less = endless(끝없는)　　　harm(해) + less = harmless(해가 없는)
　　 power(힘) + less = powerless(힘이 없는)　　use(쓸모) + less = useless(쓸모없는)

EXERCISE

정답 pp.170~175

A 빈칸에 알맞은 단어를 보기에서 골라 쓰세요. (형태 변경 가능)

> earn   familiar   electricity   extra

1 She _____ lots of money.

2 He works _____ hours.

3 The car uses _____, not gas.

4 Are you _____ with this product?

B 빈칸에 알맞은 말을 넣어 어구를 완성하세요.

1 make an _____ (탈출하다)

2 _____ into water (물속으로 다이빙하다)

3 an _____ train (전기 기차)

4 a police officer's _____ (경찰관의 의무)

5 from one _____ to the other (극단에서 극단으로)

C 우리말을 참고하여 문장 속에 알맞은 말을 써 넣으세요.

1 The amount of food seemed _____. (음식의 양이 끝없는 듯했다.)

2 Suddenly he _____. (갑자기 그가 사라졌다.)

3 He won the _____ last year. (그는 작년에 선거에서 승리했다.)

4 Don't _____ him with personal questions.
(개인적인 질문들로 그를 당황하게 하지 마라.)

5 Health has a big _____ on happiness. (건강은 행복에 큰 영향을 미친다.)

D 단어와 영어 뜻을 연결하세요. 영영풀이

1 empty   ·

2 embarrass ·

3 fantasy   ·

4 depressed ·

· ⓐ something imagined

· ⓑ to make uncomfortable or ashamed

· ⓒ having nothing inside

· ⓓ feeling unhappy or without energy

E 영어 단어를 듣고 받아 적은 후 그 단어의 뜻을 쓰세요. 받아쓰기

English	Korean	English	Korean
1		14	
2		15	
3		16	
4		17	
5		18	
6		19	
7		20	
8		21	
9		22	
10		23	
11		24	
12		25	
13			

☐ **fault** 601
[fɔːlt]
명 잘못, 책임
명 결점
The accident was not your **fault**.
그 사고는 네 잘못이 아니었다.
the **faults** of the product 제품의 결함

☐ **fax** 602
[fæks]
명 팩스
Do you have a **fax** machine I can use?
제가 쓸 수 있는 팩스기가 있나요?

☐ **feather** 603
[féðər]
명 깃털
The bird has beautiful **feathers**.
그 새는 깃털이 아름답다.

☐ **fever** 604
[fíːvər]
명 열
He had a **fever** all night.
그는 밤새도록 열이 났다.

☐ **fist** 605
[fist]
명 주먹
He hit me with his **fist**.
그는 주먹으로 나를 쳤다.

☐ **flea** 606
[fliː]
명 벼룩
This dog has **fleas**. 이 개는 벼룩이 있다.
a **flea** market 벼룩시장

☐ **flight** 607
[flait]
명 비행, 비행기
📌 fly 동 날다
We missed our **flight** home.
우리는 집에 가는 비행기를 놓쳤다.

☐ **forefinger** 608
[fɔ́ːrfìŋɡər]
명 검지, 집게손가락
point with your **forefinger**
집게손가락으로 가리키다

☐ **fortune** 609
[fɔ́ːrtʃən]
명 행운, 부
📌 misfortune 명 불행
He made a **fortune** in business.
그는 사업에서 부를 이루었다.

☐ **fountain** 610
[fáuntən]
명 분수
a **fountain** of water 분수대

☐ **exchange** 611
[ikstʃéindʒ]
명 교환
동 교환하다
an **exchange** student 교환 학생
exchange the shirt for a bigger one
셔츠를 더 큰 사이즈로 교환하다

☐ **experiment** 612
[ikspérəmənt]
명 실험, 시도
동 실험하다
a scientific **experiment** 과학 실험
Scientists **experiment** on animals.
과학자들은 동물 실험을 한다.

☐ **fear** 613
[fiər]
명 두려움, 공포
동 두려워하다
My sister has a **fear** of sharks.
내 여동생은 상어에 대한 두려움이 있다.
Most people **fear** snakes.
대부분의 사람들은 뱀을 두려워한다.

☐ **flow** 614
[flou]
명 흐름
동 흐르다
Don't stop the **flow** of water. 물의 흐름을 막지 마세요.
The river **flows** down to the sea.
강물은 바다로 흘러 내려간다.

□ **forecast** 615 [fɔ́ːrkæ̀st]	명 예상, 예보 동 전망하다, 예상하다	the weather **forecast** 일기 예보 It's hard to **forecast** the results. 결과를 전망하기가 어렵다.
□ **form** 616 [fɔːrm]	명 형태 명 양식 동 결성하다, 만들다	many different **forms** 다양한 형태 sign a **form** 양식에 서명하다 Three friends **formed** a rock band. 세 친구가 록 밴드를 결성했다.
□ **fashionable** 617 [fǽʃənəbl]	형 유행하는, 고급의	His clothes are very **fashionable**. 그의 옷은 매우 유행하는 옷이다.
□ **electronic** 618 [ilektránik]	형 전자의	an **electronic** game 전자 게임
□ **either** 619 [íːðər]	형 어느 한쪽의 대 어느 한쪽 🔄neither 대 어느 한쪽도 아닌	on **either** side 어느 쪽에라도 **Either** of us can pay for it. 우리 중 어느 한쪽이 돈을 낼 수 있다.
□ **final** 620 [fáinl]	형 마지막의 명 결승전	This is my **final** exam. 이것이 나의 마지막 시험이다. His team won the **final**. 그의 팀은 결승전에서 승리했다.
□ **former** 621 [fɔ́ːrmər]	형 이전의 명 전자, 앞의 것 🔄latter 명 후자	He is the **former** president of the company. 그가 이 회사의 전임 사장이다. The **former** is greater than the latter. 전자가 후자보다 더 낫다.
□ **fourth** 622 [fɔːrθ]	형 4번째의	This is his **fourth** trip to Germany. 이번이 그의 4번째 독일 여행이다.
□ **fat** 623 [fæt]	형 살찐, 뚱뚱한 명 지방	a **fat** man 뚱뚱한 사람 Exercise is the best way to remove **fat**. 운동이 지방을 제거하는 가장 좋은 방법이다.
□ **exactly** 624 [igzǽktli]	부 정확히 🔄precisely	I met her **exactly** three years ago. 나는 정확히 3년 전에 그녀를 만났다.
□ **forward** 625 [fɔ́ːrwərd]	부 앞쪽으로 🔄backward 부 뒤쪽으로	The truck drove **forward**. 트럭은 앞쪽으로 나아갔다.

Voca Up	exactly

exactly는 부사로 '정확히'라는 뜻 외에, 구어체에서 '바로 그거야, 맞아'의 뜻이나 not exactly 형태로 '꼭 ~인 건 아니다'의 뜻으로도 쓰인다.

EX. A: You don't like him, right? (너 그를 좋아하지 않지, 그렇지?)
　　 B: **Not exactly**. I just think he is annoying. (꼭 그런 건 아니야. 단지 그가 좀 짜증날 뿐이야.)
EX. A: So you mean I have to study more. (그럼 네 말은 내가 공부를 더 해야 한다는 거지?)
　　 B: **Exactly**. (바로 그거야.)

A 빈칸에 알맞은 단어를 보기에서 골라 쓰세요. (형태 변경 가능)

> flight   exactly   fortune   flow

1 The river _____ down to the sea.

2 He made a _____ in business.

3 I met her _____ three years ago.

4 We missed our _____ home.

B 빈칸에 알맞은 말을 넣어 어구를 완성하세요.

1 the weather _____ (일기 예보)

2 an _____ student (교환 학생)

3 a _____ market (벼룩시장)

4 beautiful and soft _____ (아름답고 부드러운 깃털들)

5 a scientific _____ (과학 실험)

C 우리말을 참고하여 문장 속에 알맞은 말을 써 넣으세요.

1 Most people _____ snakes. (대부분의 사람들은 뱀을 두려워한다.)

2 He hit me with his _____. (그는 주먹으로 나를 쳤다.)

3 _____ of us can pay for it. (우리 중 어느 한쪽이 돈을 낼 수 있다.)

4 He had a _____ all night. (그는 밤새도록 열이 났다.)

5 The _____ is greater than the latter. (전자가 후자보다 더 낫다.)

D 단어와 영어 뜻을 연결하세요. 영영풀이

1 fault ·　　　　　　　· ⓐ responsibility for a mistake

2 fountain ·　　　　　　· ⓑ with no end; without limits

3 forecast ·　　　　　　· ⓒ to predict

4 endless ·　　　　　　· ⓓ a structure for flowing water

E 영어 단어를 듣고 받아 적은 후 그 단어의 뜻을 쓰세요. 받아쓰기 🎧

MP3

	English	Korean		English	Korean
1			14		
2			15		
3			16		
4			17		
5			18		
6			19		
7			20		
8			21		
9			22		
10			23		
11			24		
12			25		
13					

MP3

☐ **freezer** 626
[frí:zər]
圄 냉동고, 냉동실
ⓟ freeze 图 얼다
Put the meat in the **freezer**.
고기를 냉동고에 넣어라.

☐ **fur** 627
[fə:r]
圄 모피, 털
a coat made of **fur** 모피로 만든 코트

☐ **gap** 628
[gæp]
圄 간격, 틈
There was a large **gap** in the fence.
울타리에 커다란 틈이 있다.

☐ **gas station** 629
[gæs stéiʃən]
圄 주유소
Take the car to the **gas station**.
차를 주유소로 가져가라.

☐ **gathering** 630
[gǽðəriŋ]
圄 모임
a small **gathering** of friends 친구들의 소모임

☐ **genius** 631
[dʒí:njəs]
圄 천재
The man is a **genius**. 그 남자는 천재다.

☐ **government** 632
[gÁvərnmənt]
圄 정부
ⓟ govern 图 다스리다, 통치하다
work for the **government** 정부를 위해 일하다

☐ **grain** 633
[grein]
圄 곡물, 낱알
grains of rice 쌀 낱알

☐ **graph** 634
[græf]
圄 그래프
a **graph** of the city's population
도시 인구 그래프

☐ **growth** 635
[grouθ]
圄 성장, 증가
ⓟ grow 图 성장하다, 자라다
The company's **growth** was surprising.
그 회사의 성장은 놀라웠다.

☐ **haircut** 636
[hɛ́ərkÀt]
圄 이발, 머리 깎기
get a **haircut** 머리를 깎다

☐ **handwriting** 637
[hǽndràitiŋ]
圄 글씨, 필체
The girl has beautiful **handwriting**.
그 소녀는 필체가 아름답다.

☐ **garage** 638
[gərá:dʒ]
圄 차고
I put old toys in the **garage**.
나는 오래된 장난감을 차고에 넣었다.

□ **handle** 639 [hǽndl]	몡 손잡이 통 다루다	The door **handle** broke. 문 손잡이가 고장 났다. I can **handle** difficult people. 난 까다로운 사람들을 다룰 수가 있다.
□ **exist** 640 [igzíst]	통 존재하다 ⬆ existence 몡 존재	Do aliens **exist**? 외계인이 존재할까?
□ **found** 641 [faund]	통 설립하다 ❸ find(찾다) - found - found	**found** an international school 국제 학교를 설립하다
□ **have to** 642 [hǽv tə]	조 ~해야 한다	I **have to** ask you a question. 나는 너에게 질문을 해야 한다.
□ **frightened** 643 [fráitnd]	혱 깜짝 놀란, 겁을 먹은 ⬆ frighten 통 놀라게 하다, 겁을 먹다	The dogs were **frightened** by the storm. 개들은 폭풍우 때문에 겁을 먹었다.
□ **generous** 644 [dʒénərəs]	혱 관대한, 후한 ⬆ generosity 몡 관대함	Thank you for your **generous** offer. 관대한 제안에 감사합니다.
□ **global** 645 [glóubəl]	혱 세계적인, 지구의 ⬆ globe 몡 지구본, 세계	I work for a **global** company. 나는 세계적인 회사에서 일한다.
□ **golden** 646 [góuldən]	혱 금빛의 혱 황금의, 전성의	She has **golden** hair. 그녀는 금발이다. the **golden** years 황금기
□ **gently** 647 [dʒéntli]	뿐 부드럽게 ⬆ gentle 혱 부드러운	Hold the baby **gently**. 아기를 부드럽게 안아라.
□ **gradually** 648 [grǽdʒuəli]	뿐 점차로, 차차 ⬆ gradual 혱 점차적인	My score has **gradually** improved. 내 점수는 점차 나아졌다.
□ **halfway** 649 [hǽfwèi]	뿐 절반에, 중간에	We walked **halfway** home and drove the rest. 우리는 집에 반은 걸어갔고 나머지는 운전해서 갔다.
□ **hardly** 650 [háːrdli]	뿐 거의 ~ 아니다 ⬆ hard 혱 어려운, 딱딱한 뿐 어렵게, 열심히	He **hardly** has any money. 그는 돈이 거의 없다.

Voca Up	hardly

hardly와 같이 문장에서 not이나 never와 같은 부정어를 동반하지 않아도 부정의 의미를 갖고 있는 말을 준부정
어라고 한다. 비슷한 단어로는 scarcely가 있고, 다른 부사들처럼 일반동사 앞에, be동사 뒤에 쓰인다.
EX. There is **hardly** any time left. (남은 시간이 거의 없다.)
　　I **hardly** know my neighbors. (나는 이웃들을 거의 모른다.)

EXERCISE

정답 pp.170~175

A 빈칸에 알맞은 단어를 보기에서 골라 쓰세요. (형태 변경 가능)

> hardly   gradually   generous   gap

1 My score has _____ improved.

2 Thank you for your _____ offer.

3 He _____ has any money.

4 There was a large _____ in the fence.

B 빈칸에 알맞은 말을 넣어 어구를 완성하세요.

1 a coat made of _____ (모피로 만든 코트)

2 _____ an international school (국제 학교를 설립하다)

3 get a _____ (머리를 깎다)

4 a _____ of the city's population (도시 인구 그래프)

5 beautiful _____ (아름다운 필체)

C 우리말을 참고하여 문장 속에 알맞은 말을 써 넣으세요.

1 The company's _____ was surprising. (그 회사의 성장은 놀라웠다.)

2 The dogs were _____ by the storm. (개들은 폭풍우 때문에 겁을 먹었다.)

3 Put the meat in the _____. (고기를 냉동고에 넣어라.)

4 I _____ _____ ask you a question.
(나는 너에게 질문을 해야 한다.)

5 The door _____ broke. (문 손잡이가 고장 났다.)

D 단어와 영어 뜻을 연결하세요. 영영풀이

1 found   ·   · ⓐ a place to buy gas for a car

2 genius   ·   · ⓑ an extremely intelligent person

3 golden   ·   · ⓒ to set up or create; to establish

4 gas station ·   · ⓓ the color of gold; made of gold, or very good

E 영어 단어를 듣고 받아 적은 후 그 단어의 뜻을 쓰세요. 받아쓰기 🎧

English	Korean	English	Korean
1		14	
2		15	
3		16	
4		17	
5		18	
6		19	
7		20	
8		21	
9		22	
10		23	
11		24	
12		25	
13			

□ **happiness** 651 [hǽpinis]	몡 행복	**Happiness** is more important than money. 행복은 돈보다 더 중요하다.
□ **harbor** 652 [háːrbər]	몡 항구	The ship is safe in the **harbor**. 그 배는 항구에서 안전하다.
□ **harmony** 653 [háːrməni]	몡 조화, 화합	peace and **harmony** 평화와 화합
□ **height** 654 [hait]	몡 키, 높이 ⑪ high 혱 키가 큰, 높은	The **height** of the building is six meters. 그 건물의 높이는 6미터이다.
□ **highway** 655 [háiwèi]	몡 고속도로	We drove along the **highway**. 우리는 고속도로를 운전해 갔다.
□ **hockey** 656 [háki]	몡 하키	the national **hockey** team 국가 대표 하키팀
□ **hunger** 657 [hʌ́ŋgər]	몡 기아, 배고픔 ⑪ hungry 혱 배고픈	**Hunger** is a global problem. 기아는 세계적인 문제이다.
□ **hurricane** 658 [hə́ːrəkèin]	몡 허리케인, 폭풍	A **hurricane** hit the city. 허리케인이 도시를 덮쳤다.
□ **idiom** 659 [ídiəm]	몡 관용구, 숙어	Every language has **idioms**. 모든 언어에는 관용구가 있다.
□ **idiot** 660 [ídiət]	몡 바보, 멍청이 ⊕ fool	He is not an **idiot**. 그는 바보가 아니다.
□ **illness** 661 [ílnis]	몡 질병, 병 ⊕ sickness, disease	a serious **illness** 심각한 질병
□ **imagination** 662 [imædʒənéiʃən]	몡 상상(력) ⑪ imagine 동 상상하다	You need **imagination** to write a story. 이야기를 쓰려면 상상력이 필요하다.
□ **impression** 663 [impréʃən]	몡 인상 ⑪ impressive 혱 인상적인	first **impression** 첫인상

☐ **harvest** 664 [háːrvist]	명 수확, 수확물 동 수확하다	collect the **harvest** 수확물을 거둬들이다 The farmers **harvested** the corn. 농부들은 옥수수를 수확했다.
☐ **host** 665 [houst]	명 주인, 주최자 동 주최하다, 진행하다	I'm your **host** today. 오늘은 제가 주인입니다. Brazil **hosted** the 2014 World Cup. 브라질이 2014 월드컵을 주최했다.
☐ **hug** 666 [hʌg] (hugged - hugged)	명 포옹 동 껴안다, 포옹하다	Give me a **hug**. 나를 안아 줘. **hug** the child 그 아이를 껴안다
☐ **freeze** 667 [friːz] (froze - frozen)	동 얼다, 동결하다	The lake **freezes** in winter. 그 호수는 겨울에 언다.
☐ **hesitate** 668 [hézitèit]	동 주저하다, 망설이다	Don't **hesitate** to ask a question. 망설이지 말고 질문하세요.
☐ **inform** 669 [infɔ́ːrm]	동 알리다 ⑩ information 명 정보	The police **informed** us about the crime. 경찰은 우리에게 그 범죄에 대해 알렸다.
☐ **inspire** 670 [inspáiər]	동 고무하다, 격려하다 ⑩ inspiration 명 영감, 고취, 고무	Heroes **inspire** people to achieve their dreams. 영웅들은 사람들이 꿈을 성취하도록 고무한다.
☐ **invade** 671 [invéid]	동 침략하다, 침해하다 ⑩ invasion 명 침략, 침해	Germany **invaded** France in 1940. 독일은 1940년에 프랑스를 침략했다.
☐ **hatch** 672 [hætʃ]	동 부화하다	The eggs **hatched**. 그 알들이 부화했다.
☐ **honest** 673 [ánist]	형 정직한 ⑩ honesty 명 정직	an **honest** man 정직한 사람
☐ **huge** 674 [hjuːdʒ]	형 엄청난, 큰 ⑨ enormous	a **huge** mistake 엄청난 실수
☐ **impossible** 675 [impásəbl]	형 불가능한 ⑪ possible 형 가능한	an **impossible** situation 불가능한 상황

Voca Up	반대의 im-

형용사 앞에 im-을 붙이면 반대의 뜻이 된다.

EX. im + possible(가능한) = impossible(불가능한)

im + proper(적절한) = improper(부적절한)

im + patient(참을성이 있는) = impatient(참을성이 없는)

im + mature(성숙한) = immature(미성숙한)

EXERCISE

A 빈칸에 알맞은 단어를 보기에서 골라 쓰세요. (형태 변경 가능)

> hug   hunger   invade   harbor

1 The ship is safe in the _____.

2 Give me a _____.

3 _____ is a global problem.

4 Germany _____ France in 1940.

B 빈칸에 알맞은 말을 넣어 어구를 완성하세요.

1 first _____ (첫인상)

2 an _____ situation (불가능한 상황)

3 collect the _____ (수확물을 거둬들이다)

4 a _____ mistake (엄청난 실수)

5 a national _____ team (국가 대표 하키팀)

C 우리말을 참고하여 문장 속에 알맞은 말을 써 넣으세요.

1 Don't _____ to ask a question. (망설이지 말고 질문하세요.)

2 Every language has _____. (모든 언어에는 관용구들이 있다.)

3 Heroes _____ people to achieve their dreams.
(영웅들은 사람들이 꿈을 성취하도록 고무한다.)

4 You need _____ to write a story. (이야기를 쓰려면 상상력이 필요하다.)

5 A _____ hit the city. (허리케인이 도시를 덮쳤다.)

D 단어와 영어 뜻을 연결하세요. 영영풀이

1 harmony ·   · ⓐ not hiding the truth

2 inform ·   · ⓑ a stupid person; a fool

3 idiot ·   · ⓒ being in agreement; unity

4 honest ·   · ⓓ to give knowledge to; to tell

E 영어 단어를 듣고 받아 적은 후 그 단어의 뜻을 쓰세요. 받아쓰기

English	Korean	English	Korean
1		14	
2		15	
3		16	
4		17	
5		18	
6		19	
7		20	
8		21	
9		22	
10		23	
11		24	
12		25	
13			

MP3

□ **income** 676 [ínkʌm]	뗑 소득, 수입	a high **income** 높은 소득
□ **instruction** 677 [instrʌ́kʃən]	뗑 지시, 설명 ⑪ instruct 동 지시하다, 설명하다	Listen to his **instruction**. 그의 지시를 들어라.
□ **instrument** 678 [ínstrəmənt]	뗑 도구, 악기	a musical **instrument** 악기
□ **intention** 679 [inténʃən]	뗑 의도, 의지 ⑪ intentional 형 의도적인	Their **intention** is to invite him. 그들의 의도는 그를 초대하는 것이다.
□ **introduction** [ìntrədʌ́kʃən] 680	뗑 소개 ⑪ introduce 동 소개하다	a simple **introduction** of the book 그 책에 대한 간단한 소개
□ **item** 681 [áitem]	뗑 물건, 품목	a list of **items** 품목 리스트
□ **itself** 682 [itsélf]	때 그 자체, 스스로	The car **itself** is in good condition. 자동차 그 자체는 상태가 좋다.
□ **journal** 683 [dʒə́:rnl]	뗑 일기, 일지 ⊕ diary 뗑 저널	keep a **journal** 일기를 쓰다 a scientific **journal** 과학 저널
□ **justice** 684 [dʒʌ́stis]	뗑 정의, 재판 ⑪ just 형 올바른, 공정한	**justice** for the weak 약자를 위한 정의
□ **knee** 685 [niː]	뗑 무릎	bend your **knee** 무릎을 구부리다
□ **landmark** 686 [lǽndmɑ̀ːrk]	뗑 주요 지형지물, 랜드마크	Paris has many famous **landmarks**. 파리에는 유명한 랜드마크가 많이 있다.
□ **layer** 687 [léiər]	뗑 층, 겹	This cake has a **layer** of chocolate. 이 케이크는 초콜릿 층이 있다.
□ **leftover** 688 [léftòuvər]	뗑 나머지, 남은 것	Are there any **leftovers**? 남은 것이 좀 있나요?
□ **length** 689 [leŋkθ]	뗑 길이 ⑪ long 형 길이가 긴	The pool is 17 meters in **length**. 그 수영장은 길이가 17미터이다.

☐ **influence** 690 [ínfluəns]	몡 영향 됭 영향을 끼치다	a strong **influence** 강한 영향 Newspapers **influence** us. 신문은 우리에게 영향을 끼친다.
☐ **interview** 691 [íntərvjù:]	몡 면담, 면접 됭 면접하다	a job **interview** 취업 면접 The boss **interviewed** six people. 그 상사는 6명을 면접했다.
☐ **kick** 692 [kik]	몡 차기, 킥 됭 차다	a hard **kick** 강한 킥 How far can you **kick** a ball? 공을 얼마나 멀리 찰 수 있어?
☐ **knock** 693 [nɑk]	몡 노크, 부딪힘 됭 두드리다 됭 쓰러뜨리다	a **knock** on the wall 벽에 부딪힘 My neighbor **knocked** on the door. 이웃이 문을 두드렸다. The big man **knocked** the small man over. 덩치 큰 남자가 작은 남자를 쓰러뜨렸다.
☐ **limit** 694 [límit]	몡 제한 몡 한계 됭 제한하다	the speed **limit** 속도 제한 the **limit** of my energy 내 에너지의 한계 The government **limits** the use of electricity. 정부는 전기 사용을 제한한다.
☐ **impress** 695 [imprés]	됭 인상을 주다, 감동시키다 ⑭ impression 몡 인상, 감명	His kindness **impressed** me. 그의 친절함이 나를 감동시켰다.
☐ **lean** 696 [li:n]	됭 기대다 됭 의지하다	The boy **leaned** against the wall. 그 소년은 벽에 기댔다. I can **lean** on him when I need help. 도움이 필요할 때 나는 그에게 의지할 수 있다.
☐ **imaginative** 697 [imǽdʒənətiv]	혱 상상력이 풍부한 ⑭ imagine 됭 상상하다 imagination 몡 상상	It is a very **imaginative** drawing. 그것은 상상력이 매우 풍부한 그림이다.
☐ **impressive** 698 [imprésiv]	혱 인상적인	the most **impressive** person in history 역사상 가장 인상적인 인물
☐ **inventive** 699 [invéntiv]	혱 발명의, 창의성이 풍부한 ⑭ invent 됭 발명하다	an **inventive** design 창의성이 풍부한 디자인
☐ **invisible** 700 [invízəbl]	혱 보이지 않는 ⑭ visible 혱 눈에 보이는	The wind is **invisible**. 바람은 눈에 보이지 않는다.

Voca Up   **-er과 -ee**

동사에 -er을 붙이면 능동적인 행위자를 나타내고, -ee를 붙이면 행위를 받는 사람이 된다.
EX. interview(면접하다) → interviewer(면접을 하는 사람, 인터뷰 진행자) /
　　　　interviewee(면접받는 사람, 인터뷰받는 사람)
　　employ(고용하다) → employer(고용주) / employee(고용인, 종업원)
　　train(훈련시키다) → trainer(훈련시키는 사람) / trainee(훈련받는 사람)

117

A 빈칸에 알맞은 단어를 보기에서 골라 쓰세요. (형태 변경 가능)

> lean   itself   landmark   invisible

1 The car _____ is in good condition.

2 Paris has many famous _____.

3 The boy _____ against the wall.

4 The wind is _____.

B 빈칸에 알맞은 말을 넣어 어구를 완성하세요.

1 the most _____ person in history (역사상 가장 인상적인 인물)

2 bend your _____ (무릎을 구부리다)

3 a job _____ (취업 면접)

4 a high _____ (높은 소득)

5 a musical _____ (악기)

C 우리말을 참고하여 문장 속에 알맞은 말을 써 넣으세요.

1 My neighbor _____ on my door. (이웃이 문을 두드렸다.)

2 How far can you _____ a ball? (공을 얼마나 멀리 찰 수 있어?)

3 Are there any _____? (남는 것이 좀 있나요?)

4 Their _____ is to invite him. (그들의 의도는 그를 초대하는 것이다.)

5 The government _____ the use of electricity.
(정부는 전기 사용을 제한한다.)

D 단어와 영어 뜻을 연결하세요. 영영풀이

1 income   ·

2 influence ·

3 length   ·

4 invisible ·

· ⓐ money you get

· ⓑ not able to be seen

· ⓒ to affect something or someone

· ⓓ the distance from one end of something to the other

E 영어 단어를 듣고 받아 적은 후 그 단어의 뜻을 쓰세요. 받아쓰기 🎧

English	Korean	English	Korean
1		14	
2		15	
3		16	
4		17	
5		18	
6		19	
7		20	
8		21	
9		22	
10		23	
11		24	
12		25	
13			

☐ **lifestyle** 701
[láifstàil]
몡 생활 방식

Rich people have a comfortable **lifestyle**.
부자들에게는 안락한 생활 방식이 있다.

☐ **lifetime** 702
[láiftàim]
몡 일생, 평생

happiness of a **lifetime** 평생의 행복

☐ **liquid** 703
[líkwid]
몡 액체
혱 액체의
☻ solid 몡 고체
gas 몡 기체

boiling **liquid** 끓는 액체
in **liquid** form 액체 형태로

☐ **liter** 704
[líːtər]
몡 리터

3 **liters** of milk 우유 3리터

☐ **locker** 705
[lákər]
몡 개인 보관함, 사물함

Put your books in the **locker**.
책을 사물함에 넣어라.

☐ **loss** 706
[lɔ(ː)s]
몡 손실, 손해
⑪ lose 됨 잃다

The team suffered a big **loss**.
그 팀은 엄청난 손실로 고통받았다.

☐ **lung** 707
[lʌŋ]
몡 폐, 허파

We need our **lungs** to breathe.
우리가 숨쉬기 위해서는 폐가 필요하다.

☐ **magnet** 708
[mǽgnit]
몡 자석
⑪ magnetic 혱 자기의,
자성의

Magnets can move metal.
자석은 철을 움직일 수 있다.

☐ **Mars** 709
[mɑːrz]
몡 화성
⑪ Martian 몡 화성인

Mars is a small, red planet.
화성은 작고 붉은 행성이다.

☐ **maximum** 710
[mǽksəməm]
몡 최고, 최대
혱 최고의, 최대의
⑪ minimum 몡 최소
혱 최소의

You can take a **maximum** of two bags.
너는 최대 두 개의 가방을 가져갈 수 있다.
the **maximum** speed 최고 속도

☐ **means** 711
[miːnz]
몡 수단, 방법
몡 재산

Let's fix this problem through peaceful **means**.
평화로운 방법으로 이 문제를 해결하자.
He is a man of great financial **means**.
그는 엄청난 재산가이다.

☐ **medium** 712
[míːdiəm]
몡 중간, 매체
☻ media
혱 중간의

powerful **medium** for communication
대화의 강력한 매체
medium height 중간 키

☐ **method** 713
[méθəd]
몡 방법, 수단

Frying is an easy cooking **method**.
볶는 것은 쉬운 요리법이다.

☐ **microwave** [714] [máikrəwèiv]	명 전자레인지	Heat the soup in the **microwave**. 전자레인지에 수프를 데우세요.
☐ **mail** [715] [meil]	명 우편, 메일 동 (우편으로) 보내다	**mail** box 우편함 She **mailed** a postcard to her parents. 그녀는 부모님께 엽서를 보냈다.
☐ **major** [716] [méidʒər]	명 전공 동 전공하다 형 주요한	My **major** is biology. 내 전공은 생물학이다. I **majored** in French. 난 프랑스어를 전공했다. a **major** problem 주요한 문제
☐ **mask** [717] [mæsk]	명 가면, 마스크 동 감추다	The criminal wore a **mask**. 그 범죄자는 마스크를 썼다. use pepper to **mask** the bad taste of the soup 수프의 나쁜 맛을 감추기 위해 후추를 사용하다
☐ **master** [718] [mǽstər]	명 대가 동 숙달하다	a taekwondo **master** 태권도의 대가 It took him years to **master** French. 그가 프랑스어를 숙달하는 데는 몇 년이 걸렸다.
☐ **measure** [719] [méʒər]	명 척도 동 측정하다, 재다	Money is not a **measure** of success. 돈이 성공의 척도는 아니다. The builder **measured** the garden wall. 그 건설업자는 정원 담장을 측정했다.
☐ **manage** [720] [mǽnidʒ]	동 운영하다 동 (노력해서) ~해내다	She **manages** the company. 그녀는 회사를 운영한다. We **managed** to keep the house clean. 우리는 집을 깨끗하게 유지해냈다.
☐ **memorize** [721] [méməràiz]	동 암기하다 ❶ memory 명 암기, 기억	Students **memorize** information for tests. 학생들은 시험을 위해 정보를 암기한다.
☐ **limited** [722] [límitid]	형 한정된, 제한된	There's a **limited** amount of time. 시간의 양이 제한되어 있다.
☐ **lively** [723] [láivli]	형 생생한, 활기찬	a **lively** party 활기찬 파티
☐ **nearly** [724] [níərli]	부 거의, 가까이	Keep going. We're **nearly** home. 계속 가. 우린 집에 거의 다 왔어.
☐ **into** [725] [íntə]	전 ~ 안으로	The children ran **into** the house. 그 아이들이 집 안으로 뛰어들어갔다.

Voca Up	**mean과 means**

단어에 -s를 붙이면 보통은 복수형이 되지만, mean과 means처럼 뜻이 전혀 다른 단어와 품사가 되기도 한다.

EX. mean(의미하다, 비열한) / means(수단, 재산)　　custom(관습) / customs(세관, 관세)
arm(팔) / arms(무기)　　good(좋은) / goods(상품)
force(힘) / forces(군대)　　surrounding(주위의) / surroundings(환경)

EXERCISE

정답 pp.170~175

A 빈칸에 알맞은 단어를 보기에서 골라 쓰세요. (형태 변경 가능)

> magnet   means   limited   locker

1 Put your books in the _____.

2 _____ can move metal.

3 He is a man of great financial _____.

4 There's a _____ amount of time.

B 빈칸에 알맞은 말을 넣어 어구를 완성하세요.

1 a _____ party (활기찬 파티)

2 the _____ speed (최고 속도)

3 heat the soup in the _____ (전자레인지에 수프를 데우다)

4 happiness of a _____ (평생의 행복)

5 _____ height (중간 키)

C 우리말을 참고하여 문장 속에 알맞은 말을 써 넣으세요.

1 _____ is a small, red planet. (화성은 작고 붉은 행성이다.)

2 Let's fix this problem through peaceful _____.
(평화로운 방법으로 이 문제를 해결하자.)

3 The builder _____ the garden wall. (건설업자는 정원 담장을 측정했다.)

4 She _____ a postcard to her parents. (그녀는 부모님께 엽서를 보냈다.)

5 I _____ in French. (난 프랑스어를 전공했다.)

D 단어와 영어 뜻을 연결하세요. 영영풀이

1 lung   ·   · ⓐ full of life or energy

2 lively   ·   · ⓑ an organ in the body that controls breathing

3 manage   ·   · ⓒ the largest possible amount or number

4 maximum ·   · ⓓ to direct or control

E 영어 단어를 듣고 받아 적은 후 그 단어의 뜻을 쓰세요. 받아쓰기 🎧

English	Korean	English	Korean
1		14	
2		15	
3		16	
4		17	
5		18	
6		19	
7		20	
8		21	
9		22	
10		23	
11		24	
12		25	
13			

MP3

☐ **mission** ⁷²⁶
[míʃən]
명 임무, 미션
The soldiers went on a secret **mission**.
군인들은 비밀 임무를 수행했다.

☐ **motto** ⁷²⁷
[mátou]
명 좌우명, 표어
"Don't be lazy" is his **motto**.
'게으름 피우지 말자'가 그의 좌우명이다.

☐ **musician** ⁷²⁸
[mju(ː)zíʃən]
명 음악가, 연주자
a jazz **musician** 재즈 음악가

☐ **nation** ⁷²⁹
[néiʃən]
명 나라, 국가
파 national 형 국가의
Across the **nation**, people celebrated.
전국에서 사람들이 축하했다.

☐ **niece** ⁷³⁰
[niːs]
명 조카딸
반 nephew 명 (남자) 조카
He loves to buy presents for his **niece**.
그는 조카딸 선물 사는 걸 좋아한다.

☐ **muscle** ⁷³¹
[mʌ́sl]
명 근육
파 muscular 형 근육의
The heart is also a **muscle**.
심장도 근육이다.

☐ **official** ⁷³²
[əfíʃəl]
명 공무원, 관리
형 공식의, 공무상의
a government **official** 공무원
I received an **official** letter from the bank.
나는 은행에서 공문을 받았다.

☐ **operation** ⁷³³
[àpəréiʃən]
명 운영
명 수술
파 operate 동 운영하다, 수술하다
efficient **operation** and management
효율적인 운영과 관리
He had an **operation** on his leg.
그는 다리에 수술을 받았다.

☐ **opportunity** ⁷³⁴
[àpərtjúːnəti]
명 기회
a great **opportunity** 굉장한 기회

☐ **option** ⁷³⁵
[ápʃən]
명 선택
Salad is a healthy **option**. 샐러드는 건강한 선택이다.

☐ **orchestra** ⁷³⁶
[ɔ́ːrkəstrə]
명 오케스트라, 교향악단
The **orchestra** played some classical music.
오케스트라는 클래식 음악을 연주했다.

☐ **nod** ⁷³⁷
[nɑd]
명 끄덕임, 목례
동 끄덕이다
He gave a small **nod**. 그는 짧게 끄덕였다.
She **nods** her head. 그녀는 고개를 끄덕인다.

☐ **migrate** ⁷³⁸
[máigreit]
동 이주하다
The family **migrated** to America.
그 가족은 미국으로 이주했다.

□ **misunderstand** [739] [mìsʌndərstǽnd] (misunderstood - misunderstood)
동 오해하다

Don't **misunderstand** me.
날 오해하지 마세요.

□ **mount** [740] [maunt]
동 ~에 오르다[타다]

The rider **mounted** his horse.
기수는 말을 탔다.

□ **motivate** [741] [móutəvèit]
동 동기를 부여하다
뗑 motivation 명 동기

The teacher **motivated** his students.
선생님은 그의 학생들에게 동기를 부여했다.

□ **multiply** [742] [mʌ́ltəplài]
동 급증하다
동 곱하다

The number of insects **multiplies** in summer.
여름에는 곤충의 수가 급증한다.

Multiply 15 by 5. 15에 5를 곱해라.

□ **obey** [743] [oubéi]
동 복종하다
뗑 obedient 형 복종하는

We always **obey** his orders.
우리는 그의 명령에 항상 복종한다.

□ **observe** [744] [əbzɔ́:rv]
동 관찰하다
뗑 observation 명 관찰
동 준수하다, 지키다
뗑 observance 명 준수

Use a telescope to **observe** the stars.
별을 관찰하려면 망원경을 사용해라.

He tries to **observe** our custom.
그는 우리 관습을 지키려고 노력한다.

□ **occur** [745] [əkɔ́:r] (occurred - occurred)
동 발생하다, 일어나다
⊕ happen, take place

Bad weather often **occurs** in summer.
나쁜 날씨는 여름에 자주 발생한다.

It never **occurred** to me.
그것은 결코 나에게 일어나지 않았다.

□ **modern** [746] [mádərn]
형 현대의

He prefers **modern** music to classical music.
그는 클래식 음악보다 현대 음악을 더 좋아한다.

□ **monthly** [747] [mʌ́nθli]
형 매달의
부 한 달에 한 번

monthly magazine 월간 잡지
The shop's products change **monthly**.
그 상점의 상품은 한 달에 한 번 바뀐다.

□ **northern** [748] [nɔ́:rðərn]
형 북쪽의

the **northern** mountains 북쪽 산들

□ **limitless** [749] [límitlis]
형 무한한

We have a **limitless** amount of energy.
우리는 무한한 양의 에너지를 갖고 있다.

□ **nowadays** [750] [náuədèiz]
부 요즘
⊕ these days, lately

Life is very busy **nowadays**. 요즘 삶은 매우 바쁘다.

Voca Up　　사칙연산

1. 덧셈(addition): If you add 5 and 11, you get 16. (5 더하기 11은 16이다.)
2. 뺄셈(subtraction): 13 minus 6 makes 7. (13 빼기 6은 7이다.)
3. 곱셈(multiplication): Multiply four and two and you get eight. (4 곱하기 2는 8이다.)
4. 나눗셈(division): Twenty divided by five gives four. (20 나누기 5는 4이다.)

EXERCISE

정답 pp.170~175

A 빈칸에 알맞은 단어를 보기에서 골라 쓰세요. (형태 변경 가능)

> misunderstand   option   nation   nowadays

1 Across the _____, people celebrated.

2 Don't _____ me.

3 Salad is a healthy _____, but pizza is not.

4 Life is very busy _____.

B 빈칸에 알맞은 말을 넣어 어구를 완성하세요.

1 the _____ mountains (북쪽 산들)

2 a great _____ (굉장한 기회)

3 a government _____ (공무원)

4 _____ her head (그녀의 고개를 끄덕이다)

5 a secret _____ (비밀 임무)

C 우리말을 참고하여 문장 속에 알맞은 말을 써 넣으세요.

1 The number of insects _____ in summer.
(여름에는 곤충의 수가 급증한다.)

2 He loves to buy presents for his _____.
(그는 조카딸 선물 사는 걸 좋아한다.)

3 I received an _____ letter from the bank. (나는 은행에서 공문을 받았다.)

4 Use a telescope to _____ the stars. (별을 관찰하려면 망원경을 사용해라.)

5 He prefers _____ music to classical music.
(그는 클래식 음악보다 현대 음악을 더 좋아한다.)

D 단어와 영어 뜻을 연결하세요. 영영풀이

1 muscle   ·

2 orchestra   ·

3 opportunity ·

4 monthly   ·

· ⓐ a chance for something better

· ⓑ once a month

· ⓒ body tissue that moves the body

· ⓓ a musical group with classical instruments

E 영어 단어를 듣고 받아 적은 후 그 단어의 뜻을 쓰세요. 받아쓰기 🎧

English	Korean	English	Korean
1		14	
2		15	
3		16	
4		17	
5		18	
6		19	
7		20	
8		21	
9		22	
10		23	
11		24	
12		25	
13			

□ **organization** [ɔ̀ːrɡənizéiʃən] 751	몡 기구, 조직 ⑩ organize 툉 조직하다	international **organizations** 국제 기구들
□ **origin** 752 [ɔ́(ː)ridʒin]	몡 기원 ⑩ original 혱 원래의, 원본의 몡 출신	country of **origin** 원산지 national **origin** 출신국
□ **ourselves** 753 [auərsélvz]	때 우리 자신들	We can only blame **ourselves**. 우리는 우리 자신만 탓할 수 있다.
□ **pace** 754 [peis]	몡 속도	at a slow **pace** 저속으로, 천천히
□ **package** 755 [pǽkidʒ]	몡 소포 몡 포장	She sent me a **package** for my birthday. 그녀는 내 생일에 소포를 보냈다. a simple **package** 간단한 포장
□ **palm** 756 [pɑːm]	몡 야자수, 손바닥 ⊕ sole 몡 발바닥	Put the coin in the **palm** of your hand. 너의 손바닥에 동전을 올려라.
□ **pants** 757 [pænts]	몡 바지	Put the warm **pants** on. 따뜻한 바지를 입어라.
□ **passion** 758 [pǽʃən]	몡 열정 ⑩ passionate 혱 열정적인	a **passion** for art 예술을 향한 열정
□ **peasant** 759 [péznt]	몡 농민, 소작농	The **peasants** worked all year long. 그 소작농들은 일년 내내 일했다.
□ **personality** 760 [pə̀ːrsənǽləti]	몡 성격, 개성 ⊕ character	I like her kind and funny **personality**. 나는 그녀의 친절하고 유머 있는 성격이 좋다.
□ **photographer** [fətɑ́ɡrəfər] 761	몡 사진사, 사진작가	The **photographer** has a very expensive camera. 그 사진작가는 매우 비싼 카메라를 가지고 있다.
□ **pity** 762 [píti]	몡 유감, 안타까움 몡 동정, 연민	It's a **pity** that he can't join us. 그가 우리와 함께 하지 못한다니 안타깝네요. I have **pity** on those poor people. 난 저 불쌍한 사람들을 가엾게 여긴다.
□ **planet** 763 [plǽnit]	몡 행성	Do aliens live on other **planets**? 외계인이 다른 행성에 살까?

□ **plenty** 764 [plénti]	몡 많음 ㈜ plentiful 혱 풍부한	There is **plenty** of food in the kitchen. 주방에 음식이 많이 있다.
□ **poem** 765 [póuəm]	몡 시 ㈜ poet 몡 시인	He wrote a love **poem** for you. 그가 널 위해 사랑의 시를 지었다.
□ **pole** 766 [poul]	몡 기둥 몡 극	a tent **pole** 텐트 기둥 the North **pole** 북극
□ **peel** 767 [pi:l]	몡 껍질 통 껍질을 벗기다	He put some lemon **peel** in the drink. 그는 음료에 레몬 껍질을 넣었다. She **peeled** the potatoes. 그녀는 감자 껍질을 벗겼다.
□ **pile** 768 [pail]	몡 쌓은 것, 더미 통 쌓다	a **pile** of rocks 바윗돌 한 더미 We **piled** all the groceries in the car. 우리는 차에 식료품을 모두 쌓았다.
□ **paralyze** 769 [pǽrəlàiz]	통 마비시키다	The poison **paralyzed** his body. 그 독이 그의 몸을 마비시켰다.
□ **pardon** 770 [páːrdn]	통 용서하다 ㈜ forgive	Please **pardon** my interruption. 제가 끼어든 것을 용서하세요.
□ **persuade** 771 [pərswéid]	통 설득하다 ㈜ persuasion 몡 설득	**persuade** him to take swimming lessons 수영 강습을 받으라고 그를 설득하다
□ **organic** 772 [ɔːrgǽnik]	혱 유기농의 혱 유기적인	**organic** fruit and vegetables 유기농 과일과 채소 **organic** management system 유기적 관리 체계
□ **overweight** 773 [òuvərwéit]	혱 과체중의	He is a little **overweight**. 그는 약간 과체중이다.
□ **physical** 774 [fízikəl]	혱 신체의, 육체의 ㈜ mental 혱 정신의	His **physical** condition is not bad. 그의 신체 상태는 나쁘지 않다.
□ **poisonous** 775 [pɔ́izənəs]	혱 독의, 독성의 ㈜ poison 몡 독	This mushroom is **poisonous**. 이 버섯은 독이 있다.

Voca Up   -age

동사 뒤에 -age를 붙여서 명사를 만들 수 있다.

Ex pack(싸다) + age = package(포장)   marry(결혼하다) + age = marriage(결혼)

post(부치다) + age = postage(우편 요금)   store(저장하다) + age = storage(저장고)

EXERCISE

정답 pp.170~175

A 빈칸에 알맞은 단어를 보기에서 골라 쓰세요. (형태 변경 가능)

> palm   poem   planet   persuade

1 We _____ him to take swimming lessons.

2 Do aliens live on the other _____?

3 He wrote a love _____ for you.

4 Put the coin in the _____ of your hand.

B 빈칸에 알맞은 말을 넣어 어구를 완성하세요.

1 country of _____ (원산지)

2 at a slow _____ (저속으로)

3 a _____ for art (예술을 향한 열정)

4 _____ fruit and vegetables (유기농 과일과 채소)

5 blame _____ (우리 자신을 탓하다)

C 우리말을 참고하여 문장 속에 알맞은 말을 써 넣으세요.

1 He put some lemon _____ in the drink. (그는 음료에 레몬 껍질을 넣었다.)

2 The poison _____ his body. (그 독이 그의 몸을 마비시켰다.)

3 There is _____ of food in the kitchen. (주방에 음식이 많이 있다.)

4 He is a little _____. (그는 약간 과체중이다.)

5 She sent me a _____ for my birthday. (그녀는 내 생일에 소포를 보냈다.)

D 단어와 영어 뜻을 연결하세요. 영영풀이

1 organization ·   · ⓐ feeling sorry for someone

2 pity   ·   · ⓑ strong feeling or emotion

3 passion   ·   · ⓒ a big object in space that moves
around the sun or a star

4 planet   ·   · ⓓ a group of people that does
something together

E 영어 단어를 듣고 받아 적은 후 그 단어의 뜻을 쓰세요. 받아쓰기 🎧

English	Korean	English	Korean
1		14	
2		15	
3		16	
4		17	
5		18	
6		19	
7		20	
8		21	
9		22	
10		23	
11		24	
12		25	
13			

□ **poet** 776
[pouit]
명 시인
I want to be a **poet**. 난 시인이 되고 싶다.

□ **police** 777
[pəlí:s]
명 경찰
Call the **police**. 경찰에 전화해.

□ **pollution** 778
[pəlú:ʃən]
명 오염, 공해
四 pollute 동 오염시키다
air **pollution** 대기 오염

□ **popularity** 779
[pὰpjulǽrəti]
명 인기
四 popular 형 인기 있는
His **popularity** is increasing nowadays.
그의 인기가 요즘 상승 중이다.

□ **pork** 780
[pɔːrk]
명 돼지고기
Do you prefer beef or **pork**?
소고기와 돼지고기 중 어느 것을 더 좋아해?

□ **presentation**
[prì:zəntéiʃən] 781
명 발표
四 present 동 발표하다
give a **presentation** 발표를 하다

□ **protection** 782
[prətékʃən]
명 보호
四 protect 동 보호하다
Your house needs **protection** from thieves.
너의 집은 도둑으로부터 보호가 필요하다.

□ **prison** 783
[prizn]
명 교도소, 감옥
sent to **prison** 교도소로 보내진

□ **producer** 784
[prədjú:sər]
명 제작자
四 produce 동 제작하다
명 생산자
a music **producer** 음악 제작자
producers and consumers 생산자와 소비자

□ **proverb** 785
[prάvərb]
명 속담
⊕ saying
"Better late than never" is a famous
proverb.
'안 하는 것보다는 늦은 것이 낫다'는 유명한 속담이다.

□ **progress** 786
[prάgres]
명 진전, 발전
Korea has made a lot of **progress** in the
economy. 한국은 경제에서 많은 발전을 이뤘다.

□ **praise** 787
[preiz]
명 칭찬
동 칭찬하다, 높이 평가하다
The professor gave me a lot of **praise**.
교수님은 나를 많이 칭찬해 주셨다.
We **praised** the movie's excellent story.
우리는 그 영화의 탁월한 스토리를 높이 평가했다.

□ **power** 788
[páuər]
명 권력, 힘
동 힘으로 움직이다
Knowledge is **power**. 아는 것이 힘이다.
The car is **powered** by gas.
그 차는 휘발유의 힘으로 움직인다.

☐ **organize** 789
[ɔ́ːrɡənàiz]
동 조직하다, 준비하다
🔄 organization 명 조직, 기구
동 정리하다
Last year, she **organized** the Christmas party. 작년에 그녀가 크리스마스 파티를 준비했다.
I **organized** my desk. 나는 내 책상을 정리했다.

☐ **pose** 790
[pouz]
동 포즈를 취하다
pose for a photograph
사진을 찍기 위해 포즈를 취하다

☐ **prevent** 791
[privént]
동 막다, 예방하다
🔄 prevention 명 예방
You can **prevent** sickness by eating healthy food. 몸에 좋은 음식을 먹음으로써 질병을 예방할 수 있다.

☐ **provide** 792
[prəváid]
동 제공하다
They **provided** food and money for us.
그들은 우리에게 음식과 돈을 제공해 주었다.

☐ **publish** 793
[pʌ́bliʃ]
동 출판하다
She will **publish** her novel next month.
그녀는 다음 달에 소설을 출판할 것이다.

☐ **portable** 794
[pɔ́ːrtəbl]
형 휴대용의
a **portable** music player 휴대용 음악 플레이어

☐ **practical** 795
[prǽktikəl]
형 실용적인
Your idea is very **practical**.
네 아이디어는 매우 실용적이다.

☐ **precious** 796
[préʃəs]
형 소중한
My children are **precious** to me.
나의 아이들은 내게 소중하다.

☐ **pure** 797
[pjuər]
형 순수한
🔄 impure 형 불결한, 순수하지 않은
pure gold 순금

☐ **private** 798
[práivit]
형 사적인, 개인적인
a **private** lesson 개인 수업

☐ **professional** 799
[prəféʃənl]
형 전문의, 프로의
명 전문가, 프로
🔄 amateur 명 비전문가, 아마추어
He is a **professional** comedian.
그는 프로 코미디언이다.
Don't worry. The doctor is a **professional**.
걱정 마. 그 의사는 전문가니까.

☐ **realistic** 800
[rì(ː)əlístik]
형 현실적인, 사실적인
🔄 unrealistic 형 비현실적인
The animation looks so **realistic**.
그 만화 영화는 무척 사실적으로 보인다.

Voca Up	-ive

동사나 명사 뒤에 -ive를 붙여 형용사를 만들 수 있다.
EX. protect(보호하다) + ive = protective(보호하는)
act(행동하다) + ive = active(활동적인, 적극적인)
expense(비용) + ive = expensive(비싼)
create(창조하다) + ive = creative(창의적인)

A 빈칸에 알맞은 단어를 보기에서 골라 쓰세요. (형태 변경 가능)

| praise | provide | popularity | professional |

1 His _____ is increasing nowadays.

2 The professor gave me a lot of _____.

3 Don't worry, the doctor is a _____.

4 They _____ food and money for us.

B 빈칸에 알맞은 말을 넣어 어구를 완성하세요.

1 a music _____ (음악 제작자)

2 a _____ music player (휴대용 음악 플레이어)

3 _____ gold (순금)

4 give a _____ (발표를 하다)

5 air _____ (대기 오염)

C 우리말을 참고하여 문장 속에 알맞은 말을 써 넣으세요.

1 Do you prefer beef or _____? (소고기와 돼지고기 중 어느 것을 더 좋아해?)

2 Korea has made a lot of _____ in the economy.
(한국은 경제에서 많은 발전을 이뤘다.)

3 Last year, she _____ the Christmas party.
(작년에 그녀가 크리스마스 파티를 준비했다.)

4 She will _____ her novel next month.
(그녀는 다음 달에 소설을 출판할 것이다.)

5 Your idea is very _____. (네 아이디어는 매우 실용적이다.)

D 단어와 영어 뜻을 연결하세요. 영영풀이

1 prison   ·

2 precious ·

3 private   ·

4 poet   ·

· ⓐ of great worth or value

· ⓑ a place to lock up criminals

· ⓒ a person who writes poetry

· ⓓ personal and not to be shared

E 영어 단어를 듣고 받아 적은 후 그 단어의 뜻을 쓰세요. 받아쓰기 🎧

English	Korean	English	Korean
1		14	
2		15	
3		16	
4		17	
5		18	
6		19	
7		20	
8		21	
9		22	
10		23	
11		24	
12		25	
13			

☐ **poetry** 801 [póuitri]	몡 시, 운문 핍 poet 몡 시인	They studied **poetry** at school. 그들은 학교에서 시를 공부했다.
☐ **purse** 802 [pə:rs]	몡 지갑	I left my **purse** on the bus. 나는 지갑을 버스에 두고 내렸다.
☐ **quarter** 803 [kwɔ́:rtər]	몡 4분의 1 윤 a fourth	She cut the apple into **quarters**. 그녀는 사과를 4등분했다.
☐ **rain forest** 804 [réin fɔ̀(:)rist]	몡 열대 우림	The **rain forest** is full of plants and animals. 열대 우림은 식물과 동물로 가득하다.
☐ **receipt** 805 [risí:t]	몡 영수증 핍 receive 동 받다	Always ask for a **receipt** when you buy something. 물건을 살 때 항상 영수증을 요구해라.
☐ **resource** 806 [rí:sɔ̀:rs]	몡 자원, 자산	Oil is a natural **resource**. 석유는 천연자원이다.
☐ **riverbank** 807 [rívərbæ̀ŋk]	몡 강기슭, 강둑	We sat on the **riverbank**. 우리는 강둑에 앉았다.
☐ **reply** 808 [riplái]	몡 대답, 회답 동 대답하다	She sent a quick **reply**. 그녀는 빠른 답장을 보냈다. Did you **reply** to his email? 그의 이메일에 회신했니?
☐ **rise** 809 [raiz] (rose - risen)	몡 상승 동 오르다	His sudden **rise** to fame was surprising. 그의 갑작스런 인기 상승은 놀랄 만했다. Hot air **rises**. 뜨거운 공기는 위로 올라간다.
☐ **risk** 810 [risk]	몡 위기, 위험 동 모험하다	take a **risk** 위험을 무릅쓰다 We **risked** everything to start our business. 우리는 사업을 시작하기 위해 모든 것을 모험에 걸었다.
☐ **root** 811 [ru(:)t]	몡 뿌리, 원인 동 뿌리를 내리게 하다	the **root** of the problem 문제의 원인 The plant is **rooted** deep in the ground. 그 식물은 땅속 깊숙이 뿌리를 내렸다.
☐ **search** 812 [sə:rtʃ]	몡 수색, 탐색 동 찾다, 수색하다	The **search** for the missing boy was successful. 실종 소년 수색은 성공적이었다. We **searched** all day but we didn't find him. 우리는 하루 종일 그를 찾았으나 못 찾았다.
☐ **shock** 813 [ʃɑk]	몡 충격 동 충격을 주다	a feeling of **shock** 충격의 느낌 His rudeness **shocked** me. 그의 무례함은 내게 충격을 주었다.

☐ **recommend** [rèkəménd] 814	통 추천하다 ⓝ recommendation 명 추천	Can you **recommend** a good hotel in this city? 이 도시에서 좋은 호텔을 추천해 줄 수 있니?
☐ **recover** 815 [rikʌ́vər]	통 회복하다 ⓝ recovery 명 회복	The sick man **recovered** quickly. 아픈 남자는 빠르게 회복했다.
☐ **reflect** 816 [riflékt]	통 반사하다, 반영하다 ⓝ reflection 명 반사, 반영	The mirror **reflects** the light. 거울은 빛을 반사한다.
☐ **remove** 817 [rimúːv]	통 제거하다, 없애다	**remove** the cap 뚜껑을 제거하다
☐ **represent** 818 [rèprizént]	통 대표하다 ⓝ representative 명 대표자 통 나타내다	The student **represents** the class. 그 학생이 그 반을 대표한다. **represent** a new trend 새로운 경향을 나타내다
☐ **powerful** 819 [páuərfəl]	형 강력한, 힘 있는	The president is a **powerful** person. 대통령은 힘 있는 사람이다.
☐ **protective** 820 [prətéktiv]	형 보호하는	**protective** material 보호 재료
☐ **recyclable** 821 [riːsáikləbl]	형 재활용 가능한 ⓥ recycle 통 재활용하다	The plastic bottle is **recyclable**. 그 플라스틱 병은 재활용 가능하다.
☐ **responsible** [rispánsəbl] 822	형 책임이 있는 ⓝ responsibility 명 책임	Everyone is **responsible** for their actions. 모든 사람은 자신의 행동에 책임이 있다.
☐ **practically** 823 [præktikəli]	부 실질적으로, 사실상	**Practically** everyone I know came to the party. 사실상 내가 아는 모든 사람이 파티에 왔다.
☐ **rapidly** 824 [ræpidli]	부 급속히, 빠르게	The river runs very **rapidly** after it rains. 비 온 후에 강이 매우 빠르게 흐른다.
☐ **recently** 825 [ríːsntli]	부 최근에	They went to Mexico **recently**. 그들은 최근에 멕시코에 갔다.

Voca Up　　　　**-able**

동사나 명사 뒤에 -able을 붙여서 '~할 수 있는, ~할 만한'의 뜻을 가지는 형용사를 만들 수 있다.

EX. recycle(재활용하다) + able = recyclable(재활용할 수 있는)

read(읽다) + able = readable(읽을 수 있는)

value(가치) + able = valuable(가치 있는, 귀중한)

memory(기억) + able = memorable(기억할 만한)

A 빈칸에 알맞은 단어를 보기에서 골라 쓰세요. (형태 변경 가능)

> purse   reply   reflect   riverbank

1 I left my _____ on the bus.

2 We sat on the _____.

3 The mirror _____ the light.

4 She sent me a quick _____.

B 빈칸에 알맞은 말을 넣어 어구를 완성하세요.

1 take a _____ (위험을 무릅쓰다)

2 the _____ of the problem (문제의 원인)

3 ask for a _____ (영수증을 요구하다)

4 the _____ for the missing boy (실종 소년 수색)

5 study _____ (시를 공부하다)

C 우리말을 참고하여 문장 속에 알맞은 말을 써 넣으세요.

1 Can you _____ a good hotel in this city?
(이 도시에서 좋은 호텔을 추천해 줄 수 있니?)

2 Oil is a natural _____. (석유는 천연자원이다.)

3 The sick man _____ quickly. (아픈 남자는 빠르게 회복했다.)

4 They went to Mexico _____. (그들은 최근에 멕시코에 갔다.)

5 Everyone is _____ for their actions.
(모든 사람은 자신의 행동에 책임이 있다.)

D 단어와 영어 뜻을 연결하세요. 영영풀이

1 quarter ·   · ⓐ huge surprise

2 shock ·   · ⓑ quickly; at a fast pace or in a short time

3 remove ·   · ⓒ one of four equal parts of a whole

4 rapidly ·   · ⓓ to take something off or away

E 영어 단어를 듣고 받아 적은 후 그 단어의 뜻을 쓰세요. 받아쓰기 🎧

English	Korean	English	Korean
1		14	
2		15	
3		16	
4		17	
5		18	
6		19	
7		20	
8		21	
9		22	
10		23	
11		24	
12		25	
13			

40일 완성

DAY 34

MP3

□ **routine** 826
[ru:tí:n]
명 일상, 일과
형 일상적인, 반복적인

follow a **routine** 일과를 따르다
Today felt boring and **routine**.
오늘은 지루하고 일상적으로 느껴졌다.

□ **row** 827
[rou]
명 줄, 열

a **row** of plants 한 줄의 화분들

□ **rubber** 828
[rʌ́bər]
명 고무

a **rubber** ball 고무공

□ **sale** 829
[seil]
명 판매, 세일
⊕ sell 동 팔다

I bought my television on **sale**.
난 세일 때 TV를 샀다.

□ **satellite** 830
[sǽtəlàit]
명 (인공)위성
명 위성 도시

The company put a **satellite** into space.
그 회사는 우주에 위성을 띄웠다.
a **satellite** city 위성 도시

□ **scenery** 831
[sí:nəri]
명 경치, 풍경

Look at the beautiful **scenery** outside.
밖의 아름다운 경치를 보아라.

□ **scissors** 832
[sízərz]
명 가위

She cut the paper with the **scissors**.
그녀는 가위로 종이를 잘랐다.

□ **scout** 833
[skaut]
명 스카우트, 정찰

The **scout** found the enemy base.
정찰대가 적지를 발견했다.

□ **script** 834
[skript]
명 대본, 원고

The movie had a great **script**.
그 영화에는 훌륭한 대본이 있었다.

□ **sesame** 835
[sésəmi]
명 참깨

The bread has **sesame** seeds in it.
그 빵에는 참깨가 들어 있다.

□ **shark** 836
[ʃɑːrk]
명 상어

Sharks are dangerous animals.
상어는 위험한 동물이다.

□ **sheep** 837
[ʃiːp]
명 양
ⓟ sheep

The farmer has 100 **sheep** on his farm.
그 농부는 농장에 100마리의 양이 있다.

□ **shelter** 838
[ʃéltər]
명 주거지, 대피소

We found **shelter** from the storm.
우리는 폭풍우를 피할 대피소를 발견했다.

□ **require** 839
[rikwáiər]
동 요구하다, 필요하다

We **require** your help tomorrow.
우리는 내일 당신의 도움이 필요합니다.

| □ **reuse** 840 | 동 다시 사용하다 | How can we **reuse** these old boxes? |
| [riːjúːz] | | 이 낡은 상자들을 어떻게 다시 사용할까? |

| □ **rotate** 841 | 동 회전하다, 교대하다 | The earth **rotates** around the sun. |
| [róuteit] | 파 rotation 명 회전, 교대 | 지구는 태양 주위를 회전한다. |

| □ **serve** 842 | 동 제공하다 | Lunch was **served** at noon. |
| [səːrv] | | 점심은 정오에 제공되었다. |

□ **shine** 843	동 빛나다	The sun **shines** during the day.
[ʃain]	파 shiny 형 빛나는	태양은 낮 동안 빛난다.
(shone - shone / shined - shined)		

□ **rough** 844	형 힘든	He had a **rough** time last year.
[rʌf]	형 거친	그는 작년에 힘든 시간을 보냈다.
		his **rough** hands 그의 거친 손

| □ **runny** 845 | 형 콧물이 나는 | a **runny** nose 콧물이 나는 코 |
| [rʌ́ni] | 파 run 동 흐르다 | |

| □ **salty** 846 | 형 맛이 짠 | She won't eat **salty** food. |
| [sɔ́ːlti] | | 그녀는 짠 음식은 먹지 않는다. |

| □ **satisfied** 847 | 형 만족한 | Everyone was **satisfied** with the meal. |
| [sǽtisfaid] | 파 satisfaction 명 만족 | 모두가 식사에 만족했다. |

| □ **senior** 848 | 형 고령의, 고위의, 연상의 | the **senior** member of the team 팀의 연장자 회원 |
| [síːnjər] | 명 선배, 원로 | Be polite to your **seniors**. 선배에게 예의 바르게 해라. |

| □ **safely** 849 | 부 안전하게 | Did you get home **safely**? |
| [séifli] | 파 safe 형 안전한 | 집에 안전하게 갔니? |

| □ **separately** 850 | 부 따로, 분리하여 | Wrap those sandwiches **separately**. |
| [sépərətli] | 파 separation 명 분리 | 그 샌드위치들을 따로 싸라. |

Voca Up　　　　　**senior**

senior와 junior는 '~보다 나이가 많은[적은]'이란 뜻으로 쓰일 때 than을 쓰지 않고 to와 함께 쓴다. 비슷한 용례로 superior(우월한)와 inferior(열등한)가 있다.

EX. She was only one year **senior to** Jason. (그녀는 제이슨보다 단지 1살 많았다.)
She Jason was one year **junior to** Amie. (제이슨은 에이미보다 1살 어렸다.)
This computer is **superior to** the old one. (이 컴퓨터는 예전 것보다 우월하다.)
This coffee is **inferior to** the old brand. (이 커피는 예전 것보다 못하다.)

EXERCISE

정답 pp.170~175

A 빈칸에 알맞은 단어를 보기에서 골라 쓰세요. (형태 변경 가능)

satisfied	serve	shelter	safely

1 Lunch was _____ at noon.

2 Everyone was _____ with the meal.

3 Did you get home _____?

4 We found _____ from the storm.

B 빈칸에 알맞은 말을 넣어 어구를 완성하세요.

1 follow a _____ (일과를 따르다)

2 a _____ nose (콧물이 나는 코)

3 the _____ member of the team (팀의 연장자 회원)

4 _____ food (맛이 짠 음식)

5 _____ the old boxes (낡은 상자들을 재사용하다)

C 우리말을 참고하여 문장 속에 알맞은 말을 써 넣으세요.

1 He had a _____ time last year. (그는 작년에 힘든 시간을 보냈다.)

2 The movie had a great _____. (그 영화에는 훌륭한 대본이 있었다.)

3 She cut the paper with the _____. (그녀는 가위로 종이를 잘랐다.)

4 The sun _____ during the day. (태양은 낮 동안 빛난다.)

5 Wrap those sandwiches _____. (그 샌드위치를 따로 싸라.)

D 단어와 영어 뜻을 연결하세요. 영영풀이

1 rotate   ·

2 scenery   ·

3 routine   ·

4 separately ·

· ⓐ to turn on or around a central point

· ⓑ apart, not together

· ⓒ a regular course of action

· ⓓ the look of the countryside

E 영어 단어를 듣고 받아 적은 후 그 단어의 뜻을 쓰세요. 받아쓰기 🎧

	English	Korean		English	Korean
1			14		
2			15		
3			16		
4			17		
5			18		
6			19		
7			20		
8			21		
9			22		
10			23		
11			24		
12			25		
13					

☐ **sickness** 851
[síknis]
명 질병, 병
반 sick 형 아픈
He suffered from a bad **sickness**.
그는 심각한 질병을 겪었다.

☐ **sightseeing** 852
[sáitsì:iŋ]
명 관광
The **sightseeing** buses run until late.
관광버스가 늦게까지 운행된다.

☐ **sixteen** 853
[sìkstí:n]
명 16, 열여섯
I turned **sixteen** last week.
나는 지난주에 열여섯 살이 되었다.

☐ **slave** 854
[sleiv]
명 노예
Slaves work hard and have no freedom.
노예는 힘들게 일하면서 자유는 없다.

☐ **sleeve** 855
[sli:v]
명 소매
반 sleeveless 형 소매가 없는
The **sleeve** of your shirt is dirty.
네 셔츠 소매가 더럽다.

☐ **slice** 856
[slais]
명 한 조각
유 piece
a **slice** of pizza 피자 한 조각

☐ **sneakers** 857
[sní:kərz]
명 운동화
유 athletic shoes
Put your **sneakers** on. 운동화를 신어라.

☐ **soda** 858
[sóudə]
명 탄산음료, 소다
a can of **soda** 탄산음료 한 캔

☐ **soil** 859
[sɔil]
명 흙, 땅
Put some seeds in the **soil**. 땅에 씨앗을 뿌려라.

☐ **soldier** 860
[sóuldʒər]
명 군인
My uncle was a **soldier** in the war.
삼촌은 전쟁 때 군인이셨다.

☐ **source** 861
[sɔ:rs]
명 원천, 출처
sources of information 정보 출처

☐ **skip** 862
[skip]
명 가볍게 뛰기
동 거르다, 건너뛰다
She walks with a small **skip**.
그녀는 가볍게 조금씩 뛰면서 걷는다.
skip breakfast 아침 식사를 거르다

☐ **slip** 863
[slip]
(slipped - slipped)
명 미끄러짐
명 종이 한 장
동 미끄러지다
a **slip** on the ice 빙판에서 미끄러짐
a **slip** of paper 종이 한 장
I **slipped** on the wet floor.
나는 젖은 바닥에서 미끄러졌다.

☐ **spin** 864 [spin] (spun - spun)	몡 회전 몡 시승 동 회전하다	the **spin** of the earth 지구의 자전 I took the motorcycle for a **spin**. 난 오토바이를 한 번 시승해 봤다. **spin** around in a circle 원을 그리며 주위를 회전하다
☐ **spray** 865 [sprei]	몡 스프레이, 분사 동 뿌리다, 분사하다	hair **spray** 헤어 스프레이 **spray** the plants with water 식물에 물을 뿌리다
☐ **spread** 866 [spred] (spread - spread)	몡 확산 동 퍼뜨리다, 바르다	How can we stop the **spread** of disease? 우리는 질병의 확산을 어떻게 막을 수 있을까? **spread** butter on the toast 토스트에 버터를 바르다
☐ **sprinkle** 867 [spríŋkl]	몡 흩뿌리기 동 뿌리다	a light **sprinkle** of rain 약한 비가 흩뿌림 The baker **sprinkled** sugar on the buns. 제빵사는 빵 위에 설탕을 뿌렸다.
☐ **squeeze** 868 [skwi:z]	몡 압박, 압축 동 짜내다	a tight **squeeze** 강한 압축 **squeeze** the sauce out of the bottle 병에서 소스를 짜내다
☐ **rub** 869 [rʌb]	동 문지르다 동 바르다	**rub** my hair with a towel 머리카락을 수건으로 문지르다 **rub** the cream on the skin 피부에 크림을 바르다
☐ **silent** 870 [sáilənt]	혱 조용한 몡 silence 몡 침묵	The class was completely **silent**. 그 학급은 완전히 조용했다.
☐ **sincere** 871 [sinsíər]	혱 진지한, 진솔한, 진심 어린 몡 sincerely 뷔 진심으로	a **sincere** apology 진심 어린 사과
☐ **slim** 872 [slim]	혱 날씬한 빤 fat 혱 뚱뚱한	You look **slim**. 너는 날씬해 보인다.
☐ **solar** 873 [sóulər]	혱 태양의 빤 lunar 혱 달의	**solar** energy 태양 에너지
☐ **slow** 874 [slou]	혱 느린, 더딘 동 느려지다, 속도를 줄이다	a **slow** computer (속도가) 느린 컴퓨터 The train **slowed** and then stopped. 기차가 느려지더니 곧 멈췄다.
☐ **somewhere** 875 [sʌ́mhwɛ̀ər]	뷔 어딘가에	**somewhere** near the hospital 병원 근처 어딘가에

Voca Up	복수형으로 쓰는 명사

sneakers처럼 짝으로 되어 있는 명사는 복수형으로 쓴다.
EX. sneakers 운동화 / pants 바지 / glasses 안경 / scissors 가위

EXERCISE

정답 pp.170~175

A 빈칸에 알맞은 단어를 보기에서 골라 쓰세요. (형태 변경 가능)

slip	silent	sixteen	slim

1 I turned _____ last week.

2 You look so healthy and _____.

3 The class was completely _____.

4 I _____ on the wet floor.

B 빈칸에 알맞은 말을 넣어 어구를 완성하세요.

1 a tight _____ (강한 압축)

2 a can of _____ (탄산음료 한 캔)

3 _____ the cream on the skin (피부에 크림을 바르다)

4 _____ breakfast (아침 식사를 거르다)

5 _____ butter on the toast (토스트에 버터를 바르다)

C 우리말을 참고하여 문장 속에 알맞은 말을 써 넣으세요.

1 He suffered from a bad _____. (그는 심각한 질병을 겪었다.)

2 How can we stop the _____ of disease?
(우리는 질병의 확산을 어떻게 막을 수 있을까?)

3 He lives _____ near the hospital. (그는 병원 근처 어딘가에 산다.)

4 The baker _____ sugar on the buns. (제빵사는 빵 위에 설탕을 뿌렸다.)

5 The _____ buses run until late. (관광버스가 늦게까지 운행된다.)

D 단어와 영어 뜻을 연결하세요. 영영풀이

1 slave   ·

2 spin   ·

3 sneakers   ·

4 sightseeing ·

· ⓐ visiting and looking at interesting places

· ⓑ shoes for running or playing sports

· ⓒ to turn around quickly

· ⓓ a person who is forced to work without pay

E 영어 단어를 듣고 받아 적은 후 그 단어의 뜻을 쓰세요. 받아쓰기 🎧

English	Korean	English	Korean
1		14	
2		15	
3		16	
4		17	
5		18	
6		19	
7		20	
8		21	
9		22	
10		23	
11		24	
12		25	
13			

40일 완성

DAY 36

☐ **span** [876] [spæn]	명 기간 명 폭	life **span** 인생 기간, 수명 the **span** of my arms 내 팔의 길이[폭]
☐ **species** [877] [spíːʃiːz]	명 종, 종류	The river has many **species** of fish. 그 강에는 많은 종의 물고기가 있다.
☐ **spider** [878] [spáidər]	명 거미	**Spiders** have eight legs. 거미는 다리가 8개다.
☐ **spinach** [879] [spínitʃ]	명 시금치	**Spinach** is good for you. 시금치는 네게 좋다.
☐ **spirit** [880] [spírit]	명 정신, 영혼	You have a strong **spirit**. 너는 정신력이 강하다.
☐ **stadium** [881] [stéidiəm]	명 경기장, 운동장	The **stadium** is full of people. 경기장은 사람들로 가득하다.
☐ **staff** [882] [stæf]	명 직원	The **staff** at the café were very kind. 그 카페의 직원들은 매우 친절했다.
☐ **steel** [883] [stiːl]	명 강철, 철강 ⓔ steal 동 훔치다	made of **steel** 강철로 만들어진
☐ **strength** [884] [streŋkθ]	명 힘, 강점 ⓟ strong 형 힘이 센, 강한	He has great **strength** in his arms. 그는 팔 힘이 세다.
☐ **stroke** [885] [strouk]	명 치기, 타법 명 뇌졸중	a backhand **stroke** 백핸드 타법 He suffered a **stroke**. 그는 뇌졸중을 겪었다.
☐ **structure** [886] [strʌ́ktʃər]	명 구조, 구성	The building has an unusual **structure**. 그 건물은 특이한 구조를 가지고 있다.
☐ **studio** [887] [stjúːdiòu]	명 스튜디오, 작업실	The artist works in his **studio**. 그 예술가는 자신의 작업실에서 일한다.
☐ **submarine** [888] [sʌ̀bməríːn]	명 잠수함	They went inside the **submarine**. 그들은 잠수함으로 들어갔다.

☐ **summit** 889 [sʌ́mit]	명 정상 명 정상 회담	They reached the **summit** of the mountain. 그들은 산 정상에 도착했다. hold a **summit** 정상 회담을 열다
☐ **sunblock** 890 [sʌ́nblɑk]	명 자외선 차단 크림 ⊕ sunscreen	put on **sunblock** 자외선 차단 크림을 바르다
☐ **supper** 891 [sʌ́pər]	명 저녁 식사	We ate **supper** and went to bed. 우리는 저녁을 먹고 잠자리에 들었다.
☐ **stress** 892 [stres]	명 스트레스 동 강조하다	under a lot of **stress** 스트레스를 많이 받아 The teacher **stressed** the importance of studying. 선생님은 공부의 중요성을 강조하셨다.
☐ **stretch** 893 [stretʃ]	명 뻗기, 길이, 범위 동 뻗다, 스트레칭하다	a long **stretch** of road 길게 뻗은 길 **stretch** your arms and legs 팔과 다리를 뻗다
☐ **subtract** 894 [səbtrǽkt]	동 빼다, 공제하다 ⊞ subtraction 명 뺄셈	**subtract** 40 from 65 65에서 40을 빼다
☐ **suffer** 895 [sʌ́fər]	동 겪다, 고통을 받다	The patient **suffers** from cancer. 그 환자는 암으로 고통받고 있다.
☐ **survive** 896 [sərváiv]	동 살아남다 ⊕ survival 명 생존	He has no **surviving** relatives. 그는 살아남은 친척이 없다.
☐ **sugar-free** 897 [ʃúgərfrìː]	형 무설탕의	**sugar-free** snacks 무설탕 간식
☐ **talented** 898 [tǽləntid]	형 재능이 있는 ⊞ talent 명 재능	a **talented** piano player 재능이 있는 피아노 연주자
☐ **spare** 899 [spɛər]	형 남은, 예비의 명 예비품	**spare** time 남은 시간 The car has four tires and a **spare**. 그 차는 타이어 4개와 예비로 하나가 있다.
☐ **valuable** 900 [vǽljuəbl]	형 가치 있는 ⊕ worthless 형 가치 없는	Gold is a very **valuable** metal. 금은 매우 가치 있는 금속이다.

Voca Up　　　　　**명사 + -free**

명사 뒤에 -free가 붙으면 '~이 없는'이란 뜻의 형용사가 된다.

EX. sugar-free 무설탕의　　　　　smoke-free 담배 연기 없는, 금연 구역의

　　　tax-free 세금이 없는, 면세의　　　fat-free 무지방의

　　　duty-free 면세의　　　　　　　interest-free 무이자의

　　　rent-free 임대료 없는　　　　　toll-free (전화가) 무료인

149

EXERCISE

정답 pp.170~175

A 빈칸에 알맞은 단어를 보기에서 골라 쓰세요. (형태 변경 가능)

> strength   spare   suffer   supper

1 The car has a _____ tire.

2 The patient _____ from cancer.

3 He has a great _____ in his arms.

4 We ate _____ and went to bed.

B 빈칸에 알맞은 말을 넣어 어구를 완성하세요.

1 a long _____ of road (길게 뻗은 길)

2 a backhand _____ (백핸드 타법)

3 _____ snacks (무설탕 스낵)

4 made of _____ (강철로 만들어진)

5 a _____ piano player (재능이 있는 피아노 연주자)

C 우리말을 참고하여 문장 속에 알맞은 말을 써 넣으세요.

1 The artist works in his _____. (예술가는 자신의 작업실에서 일한다.)

2 The building has an unusual _____. (그 건물은 특이한 구조를 가지고 있다.)

3 The teacher _____ the importance of studying.
(선생님은 공부의 중요성을 강조하셨다.)

4 The river has many _____ of fish. (그 강에는 많은 종의 물고기가 있다.)

5 They reached the _____ of the mountain. (그들은 산 정상에 도착했다.)

D 단어와 영어 뜻을 연결하세요. 영영풀이

1 stress ·

2 staff ·

3 survive ·

4 summit ·

· ⓐ people who work at a place

· ⓑ the highest part

· ⓒ to continue to live or exist

· ⓓ to put emphasis on something because it is important

E 영어 단어를 듣고 받아 적은 후 그 단어의 뜻을 쓰세요. 받아쓰기 🎧

English	Korean	English	Korean
1		14	
2		15	
3		16	
4		17	
5		18	
6		19	
7		20	
8		21	
9		22	
10		23	
11		24	
12		25	
13			

MP3

☐ **surface** ⁹⁰¹ [sə́:rfis]	몡 표면, 수면	the **surface** of the water 수면
☐ **swimsuit** ⁹⁰² [swímsùːt]	몡 수영복 ⊕ bathing suit	She wore a **swimsuit** at the pool. 그녀는 수영장에서 수영복을 입었다.
☐ **telescope** ⁹⁰³ [téləskòup]	몡 망원경 ⊗ microscope 몡 현미경	You can see the stars through a **telescope**. 너는 망원경으로 별을 볼 수 있다.
☐ **temple** ⁹⁰⁴ [témpl]	몡 사찰, 사원	We visited the **temple**. 우리는 사찰을 방문했다.
☐ **textbook** ⁹⁰⁵ [tékstbùk]	몡 교과서, 교재	The students read the **textbook**. 학생들은 교과서를 읽었다.
☐ **thief** ⁹⁰⁶ [θiːf]	몡 도둑 ⊕ thieves	catch a **thief** 도둑을 잡다
☐ **thumb** ⁹⁰⁷ [θʌm]	몡 엄지손가락	Push the button with your **thumb**. 엄지손가락으로 버튼을 눌러라.
☐ **tide** ⁹⁰⁸ [taid]	몡 조수, 흐름	The **tide** came in. 조수가 밀려 들어왔다.
☐ **toilet** ⁹⁰⁹ [tɔ́ilit]	몡 화장실, 변기	He flushed the **toilet**. 그는 변기의 물을 내렸다.
☐ **token** ⁹¹⁰ [tóukən]	몡 표시	a **token** of appreciation 감사의 표시
☐ **tomb** ⁹¹¹ [tuːm]	몡 무덤	The king's **tomb** is under the mountain. 왕의 무덤은 산 아래에 있다.
☐ **toothache** ⁹¹² [túːθèik]	몡 치통	Candy can cause a **toothache**. 사탕은 치통을 유발할 수 있다.
☐ **towel** ⁹¹³ [táuəl]	몡 수건	Dry yourself with a **towel**. 수건으로 몸을 말려라.
☐ **valley** ⁹¹⁴ [vǽli]	몡 계곡, 골짜기	a wide **valley** 넓은 계곡

□ **supply** 915 [səplái]	명 공급, 물품 ⊕demand 명 수요 동 공급하다	a **supply** of food 식량 공급 The dam **supplies** electricity to the town. 그 댐은 마을에 전기를 공급한다.
□ **surf** 916 [sə:rf]	명 (밀려오는) 파도 동 파도타기를 하다 동 검색하다	ride the **surf** 파도를 타다 They love to **surf** on the weekends. 그들은 주말에 파도타기를 좋아한다. **surf** the Internet 인터넷을 검색하다
□ **switch** 917 [switʃ]	명 스위치, 전환 동 스위치를 켜다[끄다], 전환하다	turn on the **switch** 스위치를 켜다 **switch** the light off 불 스위치를 끄다
□ **sweat** 918 [swet]	명 땀 동 땀을 흘리다	He was dripping with **sweat**. 그는 땀을 비 오듯 흘리고 있었다. You **sweat** a lot when you play sports. 너는 운동할 때 땀을 많이 흘린다.
□ **suppose** 919 [səpóuz]	동 생각하다, ~인 것 같다 ⊕be supposed to ~하기로 되어 있다	I **suppose** it will snow tomorrow. 내일 눈이 올 것 같다. You're **supposed** to brush your teeth three times a day. 너는 하루에 이를 세 번 닦아야 한다.
□ **symbolize** 920 [símbəlàiz]	동 상징하다, 나타내다	Red **symbolizes** love. 붉은색은 사랑을 상징한다.
□ **tasty** 921 [téisti]	형 맛있는	a **tasty** dessert 맛있는 디저트
□ **thoughtful** 922 [θɔ́:tfəl]	형 사려 깊은 ⊕considerate	She is a very **thoughtful** young girl. 그녀는 무척 사려 깊은 어린 소녀이다.
□ **there** 923 [ðɛər]	부 거기서 감 자, 그것 봐	I lived **there** for six weeks. 난 6주 동안 거기서 살았다. **There**, you're wrong! 그것 봐, 네가 틀렸잖아!
□ **than** 924 [ðən]	전 ~보다 접 ~보다	The boy is taller **than** the girl. 소년이 소녀보다 더 키가 크다. The boy likes the game **than** the girl does. 소년은 소녀가 그 게임을 좋아하는 것보다 그 게임을 더 좋아한다.
□ **toward** 925 [təwɔ́:rd]	전 ~ 쪽으로	The boy ran **toward** the beach. 소년은 해변 쪽으로 달려갔다.

Voca Up 발음이 되지 않는 철자

영어 단어 중에는 발음이 되지 않는 철자들이 있다.

EX. 묵음 b: thumb [θʌm] 엄지손가락 / tomb [tu:m] 무덤 / climb [klaim] 올라가다

묵음 k: know [nou] 알다 / knife [naif] 칼 / knit [nit] 뜨개질하다

묵음 g: foreign [fɔ́:rin] 외국의 / sign [sain] 서명하다 / design [dizáin] 설계하다

묵음 l: talk [tɔ:k] 말하다 / palm [pɑːm] 손바닥 / folk [fouk] 사람들

묵음 h: hour [áuər] 시간 / honest [ánist] 정직한 / heir [ɛər] 상속인

EXERCISE

정답 pp.170~175

A 빈칸에 알맞은 단어를 보기에서 골라 쓰세요. (형태 변경 가능)

| supply | than | telescope | symbolize |

1 You can see the stars through a _____.

2 The dam _____ electricity to the town.

3 Red _____ love.

4 The boy is taller _____ the girl.

B 빈칸에 알맞은 말을 넣어 어구를 완성하세요.

1 a _____ dessert (맛있는 디저트)

2 dripping with _____ (땀을 비 오듯 흘리는)

3 a _____ of appreciation (감사의 표시)

4 the _____ of the water (수면)

5 a wide _____ (넓은 계곡)

C 우리말을 참고하여 문장 속에 알맞은 말을 써 넣으세요.

1 They love to _____ on the weekends. (그들은 주말에 파도타기를 좋아한다.)

2 The students read the _____. (학생들은 교과서를 읽었다.)

3 Candy can cause a _____. (사탕은 치통을 유발할 수 있다.)

4 She is a very _____ young girl. (그녀는 사려 깊은 어린 소녀이다.)

5 _____, you're wrong! (그것 봐, 네가 틀렸잖아!)

D 단어와 영어 뜻을 연결하세요. 영영풀이

1 tide   ·   · ⓐ the regular flow in and out of the ocean

2 thumb ·   · ⓑ to have water come out through the skin

3 tomb   ·   · ⓒ the final place for a dead body; a grave

4 sweat ·   · ⓓ the short, thick finger used for grasping

E 영어 단어를 듣고 받아 적은 후 그 단어의 뜻을 쓰세요. 받아쓰기 🎧

English	Korean	English	Korean
1		14	
2		15	
3		16	
4		17	
5		18	
6		19	
7		20	
8		21	
9		22	
10		23	
11		24	
12		25	
13			

□ **spacecraft** 926 [spéiskræft]	명 우주선 🔵 manned spacecraft 유인 우주선	The **spacecraft** flew to the moon. 우주선은 달을 향해 비행했다.
□ **symbol** 927 [símbəl]	명 상징, 기호 🔵 symbolic 형 상징의	a **symbol** of hope 희망의 상징
□ **thought** 928 [θɔːt]	명 생각, 고려	We both had the same **thought** at the same time. 우리 둘 다 동시에 같은 생각을 했다.
□ **tragedy** 929 [trǽdʒədi]	명 비극, 참사 🔵 comedy 명 희극	What a **tragedy**! 얼마나 비극인가!
□ **tribe** 930 [traib]	명 부족, 집단	an African **tribe** 아프리카 부족
□ **typhoon** 931 [taifúːn]	명 태풍, 폭풍	A **typhoon** hit the city. 태풍이 도시를 덮쳤다.
□ **unit** 932 [júːnit]	명 개, 단위	a **unit** of measurement 측정 단위
□ **universe** 933 [júːnəvə̀ːrs]	명 우주, 세계 🔵 universal 형 우주의, 일반적인	There are many galaxies in the **universe**. 우주에는 많은 은하가 있다.
□ **value** 934 [vǽljuː]	명 가격, 값어치 명 가치 🔵 valuable 형 가치가 있는	What is the **value** of this painting? 이 그림의 가격은 얼마입니까? We should know the **value** of friendship. 우리는 우정의 가치를 알아야 한다.
□ **victory** 935 [víktəri]	명 승리, 성공	They won a great **victory**. 그들은 크게 승리했다.
□ **vision** 936 [víʒən]	명 시력 명 꿈, 비전	People with poor **vision** wear glasses. 시력이 안 좋은 사람들은 안경을 쓴다. a man of **vision** 비전이 있는 사람
□ **vitamin** 937 [váitəmin]	명 비타민	take **vitamins** 비타민을 먹다
□ **wallet** 938 [wálit]	명 지갑	Open your **wallet**. 네 지갑을 열어라.

☐ **tire** 939 [taiər]	뗑 타이어 똥 지치게 하다	a car **tire** 자동차 타이어 Exercise **tires** me out. 운동은 나를 지치게 한다.
☐ **trust** 940 [trʌst]	뗑 믿음, 신뢰 똥 믿다, 신뢰하다	Friendship is built on **trust**. 우정은 신뢰 위에 세워진다. I **trust** you to tell the truth. 난 네가 사실을 말할 것을 믿어.
☐ **twist** 941 [twist]	뗑 비틀기 뗑 반전 똥 비틀다, 돌리다	give the rope a **twist** 밧줄을 비틀다 This story has a shocking **twist**. 이 이야기에는 충격적인 반전이 있다. **twist** the cap 뚜껑을 돌리다
☐ **tropical** 942 [trápikəl]	휑 열대의	Let's visit a **tropical** country next year. 내년에는 열대 나라에 가 보자.
☐ **uneasy** 943 [ʌníːzi]	휑 불안한, 불편한 ⊕easy 휑 쉬운, 편한	Horror movies make me feel **uneasy**. 나는 공포 영화를 보면 불안해진다.
☐ **unexpected** 944 [ʌnikspéktid]	휑 예기치 않은, 예상 밖의	The play was an **unexpected** success. 그 연극은 예상 밖의 성공을 거두었다.
☐ **unfair** 945 [ʌnfɛ́ər]	휑 불공평한, 부당한	You're being very **unfair** to him. 넌 그를 매우 불공평하게 대하고 있다.
☐ **unpleasant** 946 [ʌnpléznt]	휑 불쾌한	an **unpleasant** smell 불쾌한 냄새
☐ **upper** 947 [ʌ́pər]	휑 위의 ⊕lower 휑 아래의	He works in the **upper** level of the building. 그는 그 건물의 위층에서 일한다.
☐ **useless** 948 [júːslis]	휑 쓸모없는 ⊕useful 휑 쓸모 있는, 유용한	That man is **useless** in an emergency. 저 사람은 비상시에 쓸모가 없다.
☐ **various** 949 [vɛ́əriəs]	휑 다양한 ⊕variety 뗑 다양, 다양성	He collects **various** CDs and records. 그는 다양한 CD와 레코드 판을 수집한다.
☐ **vivid** 950 [vívid]	휑 생생한 휑 선명한	The picture in my mind is very **vivid**. 내 마음 속의 그림은 매우 생생하다. **vivid** colors 선명한 색깔들

Voca Up　　　**value, price, cost**

value는 경제적인 가치를 말할 때의 '가격', price는 물품이나 서비스에 대해 내는 '값', cost는 각종 활동에 소요되는 '비용'을 뜻한다.

EX. What is the current **value** of the building? (그 건물의 현재 가격은 얼마인가요?)

What's the **price** of a cup of coffee? (커피 한 잔 값이 얼마인가요?)

The total **cost** will be $900. (전체 비용이 900달러일 것이다.)

정답 pp.170~175

A 빈칸에 알맞은 단어를 보기에서 골라 쓰세요. (형태 변경 가능)

> trust   vision   value   unexpected

1 What is the _____ of this painting?

2 I _____ you to tell the truth.

3 The play was an _____ success.

4 People with poor _____ wear glasses.

B 빈칸에 알맞은 말을 넣어 어구를 완성하세요.

1 a _____ of hope (희망의 상징)

2 a _____ of measurement (측정 단위)

3 _____ the cap (뚜껑을 돌리다)

4 an _____ smell (불쾌한 냄새)

5 such a _____ color (그토록 선명한 색깔)

C 우리말을 참고하여 문장 속에 알맞은 말을 써 넣으세요.

1 The _____ flew to the moon. (우주선은 달을 향해 비행했다.)

2 Exercise _____ me out. (운동은 나를 지치게 한다.)

3 They won a great _____. (그들은 크게 승리했다.)

4 You should take _____ every day. (너는 매일 비타민을 먹어야 한다.)

5 You're being very _____ to him. (너는 그를 매우 불공평하게 대하고 있다.)

158

D 단어와 영어 뜻을 연결하세요. 영영풀이

1 tragedy ·   · ⓐ to turn something around something else

2 wallet ·   · ⓑ a disaster; a very sad event

3 vivid ·   · ⓒ bright, clear and strong

4 twist ·   · ⓓ a small purse for money and cards

E 영어 단어를 듣고 받아 적은 후 그 단어의 뜻을 쓰세요. 받아쓰기 🎧

English	Korean	English	Korean
1		14	
2		15	
3		16	
4		17	
5		18	
6		19	
7		20	
8		21	
9		22	
10		23	
11		24	
12		25	
13			

MP3

| □ **website** 951 [wébsàit] | 몡 웹사이트 | check the **website** 웹사이트를 확인하다 |

| □ **wetland** 952 [wétlænd] | 몡 습지대 | Many birds and fish live in **wetlands**. 많은 새와 물고기가 습지대에 산다. |

| □ **wheel** 953 [hwi:l] | 몡 바퀴 몡 핸들 | a bicycle **wheel** 자전거 바퀴 sit in front of a **wheel** 운전대를 잡다 |

| □ **white** 954 [hwait] | 몡 흰색 혱 흰색의 | **White** is a good color for a house. 흰색은 집에 (칠하기에) 좋은 색이다. a **white** bird 흰색의 새 |

| □ **word** 955 [wəːrd] | 몡 말 몡 단어 | He gave me some kind **words**. 그는 내게 친절한 말을 건넸다. an English **word** 영어 단어 |

| □ **worm** 956 [wəːrm] | 몡 벌레 | There is a **worm** in my apple. 내 사과에 벌레가 있다. |

| □ **worth** 957 [wəːrθ] | 몡 가치 혱 ~의 가치가 있는 ⊕ worthless 혱 가치 없는 | Don't judge your **worth** in money. 당신의 가치를 돈으로 판단하지 마라. The house is **worth** a million dollars. 그 집은 백만 달러의 가치가 있다. |

| □ **youth** 958 [ju:θ] | 몡 젊음 ⊕ youthful 혱 젊음의, 젊은이다운 | Enjoy your **youth**. 너의 젊음을 즐겨라. |

| □ **anniversary** 959 [æ̀nəvə́ːrsəri] | 몡 기념일 | My parents celebrated their wedding **anniversary**. 우리 부모님은 결혼 기념일을 축하했다. |

| □ **credit** 960 [krédit] | 몡 신용 몡 학점 | a **credit** card 신용 카드 get the **credit** for graduation 졸업 학점을 따다 |

| □ **view** 961 [vju:] | 몡 전망, 관점 통 보다 | The **view** from the top of the hill is beautiful. 그 언덕 꼭대기의 전망은 아름답다. They like to **view** the paintings in the museum. 그들은 박물관에서 그림을 보는 것을 좋아한다. |

| □ **vote** 962 [vout] | 몡 투표, 선거 통 투표하다 | We held a **vote** to choose the new captain. 우리는 새 주장을 뽑는 투표를 했다. Don't forget to **vote** tomorrow. 내일 투표하는 거 잊지 마. |

□ **ignore** 963 [ignɔ́ːr]	图 무시하다 **ignorance** 图 무시, 무지	**ignore** the problem 문제를 무시하다
□ **imitate** 964 [ímitèit]	图 흉내 내다, 모방하다 **imitation** 图 흉내, 모방	Monkeys can **imitate** humans. 원숭이는 사람을 흉내 낼 수 있다.
□ **would** 965 [wud]	图 will의 과거 图 (정중한 요청에서) ~하시겠어요?	She said she **would** come with me. 그녀는 나와 함께 가겠다고 말했다. **Would** you like a drink? 음료수 드시겠어요?
□ **wealthy** 966 [wélθi]	图 부유한 **wealth** 图 부, 재산	How do I become **wealthy**? 난 어떻게 부유해지지?
□ **well-done** 967 [wéldʌ̀n]	图 잘 수행된, 잘 익은	a **well-done** steak 잘 익은 스테이크
□ **well-known** 968 [wélnòun]	图 잘 알려진, 유명한 **famous**	a **well-known** actor 잘 알려진 배우
□ **awful** 969 [ɔ́ːfəl]	图 끔찍한	This tastes **awful**. 이것은 맛이 끔찍하다.
□ **awkward** 970 [ɔ́ːkwərd]	图 어색한, 서투른	an **awkward** situation 어색한 상황
□ **confused** 971 [kənfjúːzd]	图 혼란스러운	Were you **confused** by his speech? 그의 연설이 혼란스러웠니?
□ **considerate** 972 [kənsídərət]	图 사려 깊은 **consideration** 图 사려, 배려	You are so kind and **considerate**. 넌 무척 친절하고 사려 깊다.
□ **exhausted** 973 [igzɔ́ːstid]	图 기진 맥진한, 녹초가 된	She was **exhausted** by the climb. 그녀는 등반 때문에 녹초가 되었다.
□ **humid** 974 [hjúːmid]	图 습한 **humidity** 图 습기, 습도	It's so **humid** in summer. 여름에는 매우 습하다.
□ **waterproof** 975 [wɔ́ːtərprùːf]	图 방수의	a **waterproof** jacket 방수 재킷

Voca Up	-proof

명사 뒤에 -proof를 붙이면, '~을 막는[방어하는]'의 의미가 된다.

EX waterproof 방수의   bulletproof 방탄의   fireproof 방화의
damp-proof 방습의   soundproof 방음의
earthquake-proof 내진의   weatherproof 비바람에 잘 견디는

EXERCISE

정답 pp.170~175

A 빈칸에 알맞은 단어를 보기에서 골라 쓰세요. (형태 변경 가능)

| exhausted | word | imitate | vote |

1 He gave me some kind _____.

2 Don't forget to _____ tomorrow.

3 Monkeys can _____ humans.

4 She was _____ by the climb.

B 빈칸에 알맞은 말을 넣어 어구를 완성하세요.

1 an _____ situation (어색한 상황)

2 a _____ jacket (방수 재킷)

3 a _____ actor (잘 알려진 배우)

4 get the _____ for graduation (졸업 학점을 따다)

5 _____ the problem (문제를 무시하다)

C 우리말을 참고하여 문장 속에 알맞은 말을 써 넣으세요.

1 The house is _____ a million dollars. (그 집은 백만 달러의 가치가 있다.)

2 You are so kind and _____. (너는 무척 친절하고 사려 깊다.)

3 My parents celebrated their wedding _____.
(우리 부모님은 결혼 기념일을 축하했다.)

4 Enjoy your _____. (너의 젊음을 즐겨라.)

5 There is a _____ in my apple. (내 사과에 벌레가 있다.)

D 단어와 영어 뜻을 연결하세요. 영영풀이

1 imitate   ·

2 waterproof ·

3 website   ·

4 awful   ·

· ⓐ to act like or try to be like; to copy

· ⓑ a place on the Internet

· ⓒ able to keep out water

· ⓓ very bad; terrible

E 영어 단어를 듣고 받아 적은 후 그 단어의 뜻을 쓰세요. 받아쓰기 🎧

English	Korean	English	Korean
1		14	
2		15	
3		16	
4		17	
5		18	
6		19	
7		20	
8		21	
9		22	
10		23	
11		24	
12		25	
13			

□ **attitude** 976 [ǽtitʃùːd]	몡 태도, 자세	You should change your **attitude**. 너는 태도를 바꿀 필요가 있다.
□ **entrance** 977 [éntrəns]	몡 입구 ⊕ enter 됭 (입구로) 들어가다	The front **entrance** of the building was closed. 그 건물의 앞쪽 입구는 닫혔다.
□ **marriage** 978 [mǽridʒ]	몡 결혼 ⊕ marry 됭 결혼하다	ten-year **marriage** 10년의 결혼 생활
□ **population** 979 [pὰpjuléiʃən]	몡 인구	The **population** of this country is 30 million. 이 나라의 인구는 3천만 명이다.
□ **principal** 980 [prínsəpəl]	몡 교장 혱 주요한 ⓢ principle 몡 원리, 원칙	the school **principal** 학교 교장 the **principal** city in the state 그 주의 주요 도시
□ **standard** 981 [stǽndərd]	몡 기준	He has very high **standards**. 그는 기준이 매우 높다.
□ **beauty** 982 [bjúːti]	몡 아름다움 ⊕ beautiful 혱 아름다운	Her **beauty** is truly wonderful. 그녀의 아름다움은 정말 굉장하다.
□ **volcano** 983 [vɑlkéinou]	몡 화산	Don't go near the **volcano**. 화산 가까이 가지 마라.
□ **brain** 984 [brein]	몡 두뇌, 머리	the human **brain** 인간의 두뇌
□ **transfer** 985 몡 [trǽnsfər] 됭 [trænsfɔ́ːr]	몡 이전, 이적 됭 옮기다, 갈아타다	ask for a **transfer** to another department 다른 부서로의 이전을 요구하다 **transfer** from subway 지하철에서 갈아타다
□ **trade** 986 [treid]	몡 무역, 거래 됭 거래하다, 맞바꾸다	He's interested in business and **trade**. 그는 사업과 무역에 관심이 있다. I'll **trade** my sandwich for your apple. 내 샌드위치와 네 사과를 맞바꿀게.
□ **relax** 987 [rilǽks]	됭 편안해지다, 쉬다	**relax** on the beach 해변에서 쉬다
□ **retire** 988 [ritáiər]	됭 은퇴하다	My father **retired** last year. 우리 아버지는 작년에 은퇴하셨다.

□ **succeed** [989] [səksíːd]	통 성공하다 통 계승하다, 뒤를 잇다	Try hard if you want to **succeed**. 성공하고 싶으면 열심히 노력하라. **succeed** his father 아버지의 뒤를 잇다
□ **sweep** [990] [swiːp] (swept - swept)	통 청소하다 통 휩쓸다	**sweep** the floor 바닥을 청소하다 **sweep** through the city 도시를 휩쓸고 지나가다
□ **threaten** [991] [θrétn]	통 위협하다, 협박하다 📙threat 명 위협, 협박	My sister **threatened** to tell on me. 여동생이 나를 이르겠다고 협박했다.
□ **marry** [992] [mǽri] (married - married)	통 ~와 결혼하다	I will **marry** my girlfriend next month. 나는 다음 달에 여자친구와 결혼할 것이다.
□ **include** [993] [inklúːd]	통 포함하다 📙exclude 통 제외하다	The meal **includes** dessert. 식사에는 후식이 포함된다.
□ **fold** [994] [fould]	통 접다, 개다 통 (팔을) 끼다	Can you **fold** the laundry? 빨래 좀 개 줄래? She **folded** her arms. 그녀는 팔짱을 끼었다.
□ **intelligent** [995] [intélədʒənt]	형 지적인 📙intelligence 명 지성, 정보	Dolphins are **intelligent** creatures. 돌고래는 지적인 동물이다.
□ **logical** [996] [ládʒikəl]	형 논리적인 📙logic 명 논리	It's a **logical** plan in my opinion. 내 생각에 그건 논리적인 계획이다.
□ **raw** [997] [rɔː]	형 날것의, 익히지 않은	I don't like **raw** fish. 난 날생선을 좋아하지 않는다.
□ **selfish** [998] [sélfiʃ]	형 이기적인	He is a very **selfish** person. 그는 매우 이기적인 사람이다.
□ **violent** [999] [váiələnt]	형 폭력적인 📙violence 명 폭력	I don't watch **violent** movies. 난 폭력적인 영화는 보지 않는다.
□ **yet** [1000] [jet]	부 아직 접 하지만	I'm not ready to leave **yet**. 나는 아직 떠날 준비가 안 되었어. I was hungry, **yet** I didn't eat anything. 나는 배가 고팠지만, 아무것도 먹지 않았다.

Voca Up　　　　**succeed**

succeed는 '성공하다'와 '계승하다, 뒤를 잇다'의 뜻이 있는데, 의미에 따라 명사형과 형용사형이 각각 다르다.
1. 성공하다　명 The movie was a great **success**. (그 영화는 대성공을 거두었다.)
　　　　　　형 The project was **successful**. (그 프로젝트는 성공적이었다.)
2. 계승하다　명 his **succession** as CEO (그의 CEO직 승계)
　　　　　　형 for two **successive** years (2년 연속으로)

EXERCISE

정답 pp.170~175

A 빈칸에 알맞은 단어를 보기에서 골라 쓰세요. (형태 변경 가능)

| retire | include | volcano | population |

1 The _____ of this country is 30 million.

2 My father _____ last year.

3 The meal _____ dessert.

4 Don't go near the _____. It's dangerous.

B 빈칸에 알맞은 말을 넣어 어구를 완성하세요.

1 a _____ person (이기적인 사람)

2 the human _____ (인간의 두뇌)

3 _____ the floor (바닥을 청소하다)

4 the school _____ (학교 교장)

5 change your _____ (너의 태도를 바꾸다)

C 우리말을 참고하여 문장 속에 알맞은 말을 써 넣으세요.

1 Try hard if you want to _____. (성공하고 싶으면 열심히 노력하라.)

2 I will _____ my girlfriend next month.
(나는 다음 달에 여자친구와 결혼할 것이다.)

3 Dolphins are _____ creatures. (돌고래는 지적인 동물이다.)

4 I don't like _____ fish. (나는 날생선을 좋아하지 않는다.)

5 He has very high _____. (그는 기준이 매우 높다.)

D 단어와 영어 뜻을 연결하세요. 영영풀이

1 attitude ·   · ⓐ a way of thinking or acting

2 sweep ·   · ⓑ acting with great force

3 raw ·   · ⓒ to use a broom to clean the floor

4 violent ·   · ⓓ not cooked

E 영어 단어를 듣고 받아 적은 후 그 단어의 뜻을 쓰세요. 받아쓰기 🎧

English	Korean	English	Korean
1		14	
2		15	
3		16	
4		17	
5		18	
6		19	
7		20	
8		21	
9		22	
10		23	
11		24	
12		25	
13			

MEMO

ANSWER KEY

DAY 01

A 1 elderly   2 alone
3 decide   4 Check

B 1 comfortable   2 grade
3 brush   4 expression
5 completely

C 1 environment   2 stay, healthy
3 boring   4 easily
5 afraid, of

D 1 ⓒ   2 ⓓ   3 ⓐ   4 ⓑ

DAY 02

A 1 upset   2 creative
3 wonder   4 strange

B 1 weight   2 spend
3 prepare   4 solve
5 useful

C 1 Take, time   2 raised
3 second   4 still
5 share, with

D 1 ⓓ   2 ⓐ   3 ⓑ   4 ⓒ

DAY 03

A 1 plan   2 expect
3 regularly   4 since

B 1 message   2 trash
3 imagine   4 international
5 without

C 1 products   2 proud
3 secret   4 invention
5 marathon

D 1 ⓑ   2 ⓒ   3 ⓐ   4 ⓓ

DAY 04

A 1 conversation   2 focus
3 offer   4 surprise

B 1 effort   2 common
3 ancient   4 respect
5 bow

C 1 recorded   2 match
3 mind   4 rest
5 shout

D 1 ⓐ   2 ⓒ   3 ⓑ   4 ⓓ

DAY 05

A 1 simple   2 According to
3 herself   4 care

B 1 meaning   2 excuse
3 elevator   4 step(s)
5 goal

C 1 speech   2 while
3 cause   4 such
5 several

D 1 ⓓ   2 ⓑ   3 ⓐ   4 ⓒ

DAY 06

A 1 president   2 object
3 post   4 sign

B 1 recipe   2 model
3 protect   4 performance
5 situation

C 1 notebook   2 notice
3 reach   4 seems
5 reduce

D 1 ⓑ   2 ⓐ   3 ⓓ   4 ⓒ

DAY 07

A 1 broken   2 calm
3 area   4 behavior

B 1 style   2 tradition
3 born   4 celebrate
5 bother

C 1 advertisement   2 threw, ball

3 car, accident   4 Wish

5 trained

D 1 ⓑ   2 ⓓ   3 ⓒ   4 ⓐ

DAY 08

A 1 code   2 condition

    3 continued   4 director

B 1 cloth   2 community

    3 decorate   4 hit

    5 congratulate

C 1 do, favor   2 Complete

    3 guide   4 control

    5 gain

D 1 ⓑ   2 ⓒ   3 ⓐ   4 ⓓ

DAY 09

A 1 pimple   2 paid

    3 pollute(d)   4 pour

B 1 noise   2 discover

    3 pull   4 donate

    5 pattern

C 1 divided, into   2 mobile phones

    3 disappointed   4 like, her

    5 grass

D 1 ⓐ   2 ⓓ   3 ⓒ   4 ⓑ

DAY 10

A 1 speaker   2 side

    3 similar   4 scary

B 1 stage   2 straight

    3 review   4 seeds

    5 sore

C 1 sentence   2 put

    3 accepted   4 silly

    5 missed

D 1 ⓑ   2 ⓐ   3 ⓓ   4 ⓒ

DAY 11

A 1 alive   2 article

    3 bill   4 trick

B 1 apologize   2 temperature

    3 wedding   4 support

    5 adventure

C 1 appearance   2 battery

    3 active   4 animation

    5 volume

D 1 ⓒ   2 ⓑ   3 ⓐ   4 ⓓ

DAY 12

A 1 chore(s)   2 until

    3 customer(s)   4 bites

B 1 attack   2 download

    3 crowd   4 congratulations

    5 competition

C 1 certainly   2 chart

    3 courage   4 disease

    5 continent

D 1 ⓓ   2 ⓐ   3 ⓑ   4 ⓒ

DAY 13

A 1 develop(ed)   2 Every

    3 fit   4 evidence

B 1 expert   2 flavor

    3 education   4 consider

    5 exact

C 1 functions   2 explored

    3 Daily   4 except

    5 friendship

D 1 ⓐ   2 ⓒ   3 ⓑ   4 ⓓ

DAY 14

A 1 graphic   2 Garlic

    3 lift   4 guests

B 1 makeup 2 memory
3 journey 4 manners
5 human

C 1 gathered 2 image
3 market 4 heritage
5 harm

D 1 ⓒ 2 ⓑ 3 ⓓ 4 ⓐ

DAY 15

A 1 mouth 2 local
3 past 4 Pack

B 1 pair 2 overcome
3 nutrition 4 opposite
5 national

C 1 north 2 main
3 necklace 4 incredible
5 participate

D 1 ⓑ 2 ⓓ 3 ⓒ 4 ⓐ

DAY 16

A 1 patient 2 process
3 realized 4 refrigerator

B 1 pyramid 2 rate
3 period 4 prefer
5 proper

C 1 public 2 relationship
3 original 4 reason
5 probably

D 1 ⓓ 2 ⓒ 3 ⓑ 4 ⓐ

DAY 17

A 1 service 2 serious
3 rent 4 right

B 1 return 2 skill
3 shop 4 soap
5 set

C 1 role 2 separate

3 respond 4 saved
5 skin

D 1 ⓒ 2 ⓑ 3 ⓐ 4 ⓓ

DAY 18

A 1 social 2 spill
3 treasures 4 tip

B 1 university 2 title
3 throat 4 speed
5 successful

C 1 has, stomachache 2 steal
3 teamwork 4 though
5 originally

D 1 ⓑ 2 ⓐ 3 ⓓ 4 ⓒ

DAY 19

A 1 ambassador 2 unlike
3 west 4 aim

B 1 award 2 worry
3 underground 4 wise
5 apology

C 1 worse 2 suggestion
3 account 4 aquarium
5 argument

D 1 ⓑ 2 ⓓ 3 ⓒ 4 ⓐ

DAY 20

A 1 affect 2 usual
3 beat 4 ashamed

B 1 Antarctic 2 tap
3 appreciate 4 behave
5 achieve

C 1 burning 2 attracts
3 advised 4 announce
5 attention

D 1 ⓐ 2 ⓓ 3 ⓒ 4 ⓑ

DAY 21

A 1 belief 2 bet
3 capital 4 anytime
B 1 aboard 2 chain
3 bubbles 4 battle
5 bit
C 1 based 2 blend
3 beginning 4 budget
5 cheek
D 1 ⓓ 2 ⓐ 3 ⓒ 4 ⓑ

DAY 22

A 1 chimney 2 comfort
3 compete
4 conquers[conquered]
B 1 chop 2 challenging
3 chief 4 bump
5 chest
C 1 counselor 2 cheerful
3 concrete 4 commanded
5 coast
D 1 ⓑ 2 ⓒ 3 ⓐ 4 ⓓ

DAY 23

A 1 degrees 2 detail
3 direct 4 deliver(ed)
B 1 couple 2 correct
3 distance 4 dictionary
5 downward
C 1 Describe 2 differ
3 concerned 4 dedication
5 disposable
D 1 ⓒ 2 ⓐ 3 ⓓ 4 ⓑ

DAY 24

A 1 earns[earned] 2 extra
3 electricity 4 familiar

B 1 escape 2 dive
3 electric 4 duty
5 extreme
C 1 endless 2 disappeared
3 election 4 embarrass
5 effect
D 1 ⓒ 2 ⓑ 3 ⓐ 4 ⓓ

DAY 25

A 1 flows[flowed] 2 fortune
3 exactly 4 flight
B 1 forecast 2 exchange
3 flea 4 feathers
5 experiment
C 1 fear 2 fist
3 Either 4 fever
5 former
D 1 ⓐ 2 ⓓ 3 ⓒ 4 ⓑ

DAY 26

A 1 gradually 2 generous
3 hardly 4 gap
B 1 fur 2 found
3 haircut 4 graph
5 handwriting
C 1 growth 2 frightened
3 freezer 4 have to
5 handle
D 1 ⓒ 2 ⓑ 3 ⓓ 4 ⓐ

DAY 27

A 1 harbor 2 hug
3 Hunger 4 invaded
B 1 impression 2 impossible
3 harvest(s) 4 huge
5 hockey
C 1 hesitate 2 idioms

3 inspire   4 imagination(s)
5 hurricane
D 1 ⓒ   2 ⓓ   3 ⓑ   4 ⓐ

DAY 28

A 1 itself   2 landmarks
3 leans[leaned]   4 invisible
B 1 impressive   2 knee
3 interview   4 income
5 instrument
C 1 knocked   2 kick
3 leftovers   4 intention
5 limits
D 1 ⓐ   2 ⓒ   3 ⓓ   4 ⓑ

DAY 29

A 1 locker   2 Magnets
3 means   4 limited
B 1 lively   2 maximum
3 microwave   4 lifetime
5 medium
C 1 Mars   2 means
3 measured   4 mailed
5 majored
D 1 ⓑ   2 ⓐ   3 ⓓ   4 ⓒ

DAY 30

A 1 nation   2 misunderstand
3 option   4 nowadays
B 1 northern   2 opportunity
3 official   4 nod
5 mission
C 1 multiplies   2 niece
3 official   4 observe
5 modern
D 1 ⓒ   2 ⓓ   3 ⓐ   4 ⓑ

DAY 31

A 1 persuaded   2 planets
3 poem   4 palm
B 1 origin   2 pace
3 passion   4 organic
5 ourselves
C 1 peel   2 paralyzed
3 plenty   4 overweight
5 package
D 1 ⓓ   2 ⓐ   3 ⓑ   4 ⓒ

DAY 32

A 1 popularity   2 praise
3 professional   4 provide(d)
B 1 producer   2 portable
3 pure   4 presentation
5 pollution
C 1 pork   2 progress
3 organized   4 publish
5 practical
D 1 ⓑ   2 ⓐ   3 ⓓ   4 ⓒ

DAY 33

A 1 purse   2 riverbank
3 reflects[reflected]   4 reply
B 1 risk   2 root
3 receipt   4 search
5 poetry
C 1 recommend   2 resource
3 recovered   4 recently
5 responsible
D 1 ⓒ   2 ⓐ   3 ⓓ   4 ⓑ

DAY 34

A 1 served   2 satisfied
3 safely   4 shelter

B 1 routine   2 runny
  3 senior   4 salty
  5 reuse
C 1 rough   2 script
  3 scissors   4 shines
  5 separately
D 1 ⓐ   2 ⓓ   3 ⓒ   4 ⓑ

A 1 sixteen   2 slim
  3 silent   4 slipped
B 1 squeeze   2 soda
  3 rub   4 skip
  5 spread
C 1 sickness   2 spread
  3 somewhere   4 sprinkled
  5 sightseeing
D 1 ⓓ   2 ⓒ   3 ⓑ   4 ⓐ

A 1 spare   2 suffers[suffered]
  3 strength   4 supper
B 1 stretch   2 stroke
  3 sugar-free   4 steel
  5 talented
C 1 studio   2 structure
  3 stressed   4 species
  5 summit
D 1 ⓓ   2 ⓐ   3 ⓒ   4 ⓑ

A 1 telescope   2 supplies[supplied]
  3 symbolizes   4 than
B 1 tasty   2 sweat
  3 token   4 surface
  5 valley
C 1 surf   2 textbook(s)

  3 toothache   4 thoughtful
  5 There
D 1 ⓐ   2 ⓓ   3 ⓒ   4 ⓑ

A 1 value   2 trust(ed)
  3 unexpected   4 vision
B 1 symbol   2 unit
  3 twist   4 unpleasant
  5 vivid
C 1 spacecraft   2 tires
  3 victory   4 vitamins
  5 unfair
D 1 ⓑ   2 ⓓ   3 ⓒ   4 ⓐ

A 1 words   2 vote
  3 imitate   4 exhausted
B 1 awkward   2 waterproof
  3 well-known   4 credit
  5 ignore
C 1 worth   2 considerate
  3 anniversary   4 youth
  5 worm
D 1 ⓐ   2 ⓒ   3 ⓑ   4 ⓓ

A 1 population   2 retired
  3 includes[included]   4 volcano
B 1 selfish   2 brain
  3 sweep   4 principal
  5 attitude
C 1 succeed   2 marry
  3 intelligent   4 raw
  5 standards
D 1 ⓐ   2 ⓒ   3 ⓓ   4 ⓑ

INDEX

176

chore	52	create	8	divide	41
clearly	53	creative	13	documentary	40
closely	53	creature	52	donate	41
cloth	36	credit	160	dot	53
coast	92	crowd	52	download	53
code	36	curious	21	downward	97
collection	92	custom	96	drawing	96
colorful	37	customer	52	dust	100
column	92			duty	100
comfort	92				
comfortable	9	**D**			
command	93	daily	57	**E**	
comment	93	damage	97	earn	101
common	21	danger	24	easily	9
communicate	37	death	96	east	100
community	36	debt	52	education	56
compare	37	December	36	effect	100
compete	93	decide	8	effort	20
competition	52	decision	96	either	105
complain	93	decorate	37	elderly	9
complete	37	dedication	96	election	100
completely	9	degree	96	electric	101
compose	93	deliver	97	electricity	100
concern	96	depend	97	electronic	105
concrete	93	depressed	97	elementary	101
condition	36	describe	97	elevator	24
confident	93	destroy	16	embarrass	101
confused	161	detail	96	empire	56
congratulate	37	develop	57	empty	101
congratulation	52	dialogue	36	encourage	57
connect	37	dictionary	96	endless	101
conquer	93	differ	97	enemy	100
consider	57	difference	8	engineer	56
considerate	161	difficulty	53	entrance	164
construction	92	dig	97	environment	8
continent	52	direct	97	escalator	100
continue	37	director	36	escape	101
control	36	disadvantage	96	especially	13
conversation	20	disagree	101	ever	57
correct	97	disappear	101	every	57
cost	53	disappoint	41	evidence	56
cotton	92	discover	41	evil	101
counselor	92	discuss	89	exact	57
couple	96	disease	53	exactly	105
courage	52	disposable	97	except	57
crack	96	distance	96	exchange	104
crash	97	dive	100	excite	8

MEMO

필수 중학 영단어 2

어휘 TEST

교과서가 보이는

40일 완성

중2 핵심어휘

1000 단어

NE 능률

TEST | **DAY 01**

Name: _____ **Date:** _____ **Score:** _____

● 우리말은 영어로, 영어는 우리말로 빈칸을 완성하세요.

	단어	영어/우리말
1	special	
2	expression	
3	alone	
4	elderly	
5	create	
6	brush	
7	instead	
8	add	
9	boring	
10	excite	
11	actually	
12	decide	
13	check	
14	차이, 다른 점	
15	학년, 성적, 점수	
16	건강한, 건강에 좋은	
17	두려운, 무서워하는	
18	환경	
19	인터넷	
20	안락한, 편안한	
21	경험, 경험하다	
22	발명하다	
23	쉽게, 용이하게	
24	정보	
25	완전히	

1

Name: _____   **Date:** _____   **Score:** _____

● 우리말은 영어로, 영어는 우리말로 빈칸을 완성하세요.

	단어	영어/우리말
1	raise	
2	still	
3	present	
4	stay	
5	project	
6	touch	
7	upset	
8	slowly	
9	time	
10	second	
11	wonder	
12	share	
13	useful	
14	창의적인, 창조적인	
15	과목, 주제	
16	무게, 체중	
17	준비하다	
18	가능한, 할 수 있는	
19	해결하다, 풀다	
20	끔찍한, 무서운	
21	~을 통하여	
22	특히, 특별히	
23	이상한, 낯선	
24	(시간·돈을) 쓰다	
25	두 번, 두 배로	

Name: _____ **Date:** _____ **Score:** _____

● 우리말은 영어로, 영어는 우리말로 빈칸을 완성하세요.

	단어	영어/우리말
1	taste	
2	expect	
3	imagine	
4	product	
5	plan	
6	volunteer	
7	real	
8	once	
9	since	
10	secret	
11	message	
12	shake	
13	proud	
14	발명, 발명품	
15	도움이 되는	
16	나타나다, ~처럼 보이다	
17	마라톤	
18	완벽한	
19	국제적인	
20	갑자기	
21	쓰레기	
22	파괴하다	
23	~ 없이	
24	정기적으로, 규칙적으로	
25	당신 자신	

Name: _____   **Date:** _____   **Score:** _____

● 우리말은 영어로, 영어는 우리말로 빈칸을 완성하세요.

	단어	영어/우리말
1	respect	
2	order	
3	mind	
4	rest	
5	himself	
6	stick	
7	relative	
8	common	
9	offer	
10	bow	
11	surprise	
12	press	
13	point	
14	노력	
15	외치다, 소리 지르다	
16	집중하다	
17	해결책	
18	경기, 성냥, 어울리다	
19	호기심이 많은	
20	언급하다, 말하다	
21	고대의	
22	대화	
23	십 대	
24	기록, 기록하다, 녹음하다	
25	규칙적인	

Name: _____ Date: _____ Score: _____

● 우리말은 영어로, 영어는 우리말로 빈칸을 완성하세요.

	단어	영어/우리말
1	rule	
2	care	
3	block	
4	smart	
5	interest	
6	excuse	
7	simple	
8	while	
9	step	
10	such	
11	amount	
12	sure	
13	cause	
14	의견, 견해	
15	실제의, 사실상의	
16	~에 의하면, ~에 따르면	
17	그녀 자신[스스로]	
18	몇몇의, 여러 가지의	
19	위험	
20	목표, 골	
21	뒤쪽으로	
22	졸리는, 잠이 오는	
23	연설, 담화	
24	의미, 뜻	
25	엘리베이터, 승강기	

Name: _____   **Date:** _____   **Score:** _____

● 우리말은 영어로, 영어는 우리말로 빈칸을 완성하세요.

	단어	영어/우리말
1	oil	
2	mistake	
3	prize	
4	sign	
5	post	
6	seem	
7	score	
8	reporter	
9	shower	
10	reach	
11	notebook	
12	model	
13	object	
14	상황	
15	즐거움, 기쁨	
16	보호하다	
17	공지, 게시, 알아차리다	
18	공연, 성과, 수행	
19	줄이다, 감소시키다	
20	계단	
21	퍼즐, 수수께끼	
22	빌려주다	
23	대통령	
24	요리법	
25	리듬, 박자	

Name: _____   **Date:** _____   **Score:** _____

● 우리말은 영어로, 영어는 우리말로 빈칸을 완성하세요.

	단어	영어/우리말
1	turn	
2	calm	
3	area	
4	wind	
5	born	
6	themselves	
7	train	
8	wish	
9	waste	
10	bother	
11	work	
12	style	
13	century	
14	광고	
15	목소리	
16	축하하다	
17	우주 비행사	
18	도전	
19	사건, 사고	
20	문제, 곤란	
21	행동, 행실	
22	던지다	
23	전통, 관습	
24	부러진, 깨진	
25	균형, 잔고	

Name: _____ **Date:** _____ **Score:** _____

● 우리말은 영어로, 영어는 우리말로 빈칸을 완성하세요.

단어		영어/우리말
1	code	
2	meter	
3	hit	
4	colorful	
5	complete	
6	control	
7	guide	
8	hundred	
9	cloth	
10	gain	
11	following	
12	December	
13	quiet	
14	호의, 부탁	
15	사회, 공동체	
16	비교하다	
17	축하하다	
18	대화	
19	관리자, 감독	
20	장식하다	
21	상황, 조건	
22	의사소통하다	
23	계속하다	
24	평범한, 일반적인	
25	연결하다	

Name: _____   **Date:** _____   **Score:** _____

● 우리말은 영어로, 영어는 우리말로 빈칸을 완성하세요.

	단어	영어/우리말
1	race	
2	pay	
3	habit	
4	pull	
5	like	
6	pour	
7	metal	
8	documentary	
9	pot	
10	divide	
11	noise	
12	owner	
13	grass	
14	장면, 현장	
15	실망시키다	
16	움직임, 운동	
17	목도리, 스카프	
18	생산하다, 만들다	
19	휴대전화	
20	기부하다	
21	발견하다	
22	패턴, 무늬	
23	오염시키다	
24	개선하다, 향상시키다	
25	여드름, 뾰루지	

Name: _____ **Date:** _____ **Score:** _____

● 우리말은 영어로, 영어는 우리말로 빈칸을 완성하세요.

	단어	영어/우리말
1	put	
2	sore	
3	roll	
4	seed	
5	silly	
6	side	
7	report	
8	treat	
9	miss	
10	shell	
11	review	
12	storm	
13	straight	
14	일정, 스케줄	
15	재활용하다	
16	문장, 선고, 선고하다	
17	수리하다, 고치다	
18	무대, 단계	
19	자물쇠, 잠그다, 가두다	
20	모양	
21	무서운, 두려운	
22	독특한	
23	연설가, 스피커	
24	받아들이다	
25	비슷한	

TEST DAY 11

Name: _____   Date: _____   Score: _____

● 우리말은 영어로, 영어는 우리말로 빈칸을 완성하세요.

	단어	영어/우리말
1	tower	
2	wedding	
3	bar	
4	third	
5	wrap	
6	animation	
7	television	
8	allow	
9	bill	
10	worker	
11	trick	
12	active	
13	support	
14	모험, 도전	
15	사과하다	
16	온도	
17	천, 1000	
18	마을	
19	전체의, 모든	
20	소리, 볼륨	
21	외모, 나타남	
22	관객, 청중	
23	배터리, 전지	
24	기사, 품목	
25	살아 있는, 생기 있는	

Name: _____ **Date:** _____ **Score:** _____

● 우리말은 영어로, 영어는 우리말로 빈칸을 완성하세요.

	단어	영어/우리말
1	billion	
2	cost	
3	clearly	
4	debt	
5	crowd	
6	chart	
7	until	
8	channel	
9	bite	
10	dot	
11	chip	
12	download	
13	closely	
14	용기, 용감	
15	어려움, 난국	
16	고객, 손님	
17	공격, 공격하다	
18	분명히, 확실히	
19	가사, 허드렛일	
20	질병, 병	
21	일, 사업	
22	대륙	
23	축하	
24	생명체, 동물	
25	경쟁, 대회	

Name: _____　　Date: _____　　Score: _____

● 우리말은 영어로, 영어는 우리말로 빈칸을 완성하세요.

	단어	영어/우리말
1	every	
2	fare	
3	engineer	
4	guess	
5	gallery	
6	express	
7	fit	
8	education	
9	except	
10	develop	
11	fry	
12	consider	
13	ever	
14	제국	
15	전문가	
16	다행히	
17	증거	
18	기능, 작용, 작동하다	
19	격려하다	
20	맛, 향	
21	탐험하다	
22	매일의, 일상적인	
23	전시하다	
24	우정, 친밀	
25	정확한	

Name: _____ **Date:** _____ **Score:** _____

● 우리말은 영어로, 영어는 우리말로 빈칸을 완성하세요.

	단어	영어/우리말
1	hate	
2	mouse	
3	garlic	
4	graphic	
5	human	
6	market	
7	lift	
8	makeup	
9	guest	
10	lie	
11	goose	
12	increase	
13	harm	
14	모이다	
15	자유	
16	방식, 예의범절	
17	온실	
18	유산, 전통	
19	독립	
20	혼합, 혼합물	
21	기억, 추억	
22	여행	
23	이미지, 모습	
24	100만, 백만	
25	칼	

TEST DAY 15

Name: _____ **Date:** _____ **Score:** _____

● 우리말은 영어로, 영어는 우리말로 빈칸을 완성하세요.

	단어	영어/우리말
1	mouth	
2	pain	
3	part	
4	pack	
5	indoor	
6	north	
7	past	
8	mud	
9	neat	
10	local	
11	pair	
12	opposite	
13	natural	
14	국수	
15	극복하다, 이기다	
16	목걸이	
17	국가의, 전국의	
18	10월	
19	놀라운, 믿기 어려운	
20	영양	
21	양파	
22	참여하다, 참가하다	
23	길을 잃은, 분실한	
24	주요한, 중심적인	
25	필요한	

15

Name: _____ **Date:** _____ **Score:** _____

● 우리말은 영어로, 영어는 우리말로 빈칸을 완성하세요.

	단어	영어/우리말
1	quick	
2	then	
3	reason	
4	path	
5	original	
6	rate	
7	pepper	
8	relate	
9	public	
10	peace	
11	quite	
12	poison	
13	refuse	
14	환자, 참을성이 있는	
15	빈곤, 가난	
16	냉장고	
17	긍정적인, 확신하는	
18	아마도	
19	더 좋아하다	
20	관계, 사이	
21	과정, 절차	
22	기간, 시기	
23	적절한, 적당한	
24	깨닫다, 실현하다	
25	피라미드	

TEST DAY 17

Name: _____ **Date:** _____ **Score:** _____

● 우리말은 영어로, 영어는 우리말로 빈칸을 완성하세요.

	단어	영어/우리말
1	site	
2	research	
3	set	
4	skin	
5	right	
6	save	
7	rude	
8	south	
9	role	
10	rent	
11	return	
12	shop	
13	skill	
14	(여전히) ~이다, 남다	
15	신호	
16	심각한, 진지한	
17	선원	
18	비누	
19	비명, 절규, 소리치다	
20	서비스, 봉사	
21	대답하다, 반응하다	
22	겁주다, 놀라게 하다	
23	결과, 결과를 초래하다	
24	분리된, 별개의, 분리하다	
25	화장실	

17

Name: Date: Score:

● 우리말은 영어로, 영어는 우리말로 빈칸을 완성하세요.

	단어	영어/우리말
1	string	
2	tip	
3	originally	
4	summer	
5	topic	
6	surprising	
7	track	
8	though	
9	yard	
10	speed	
11	title	
12	spill	
13	square	
14	사회의, 사교적인	
15	대학교	
16	불행하게도, 안타깝게도	
17	성공한	
18	빨다	
19	보물	
20	협동 작업, 팀워크	
21	제안하다	
22	복통, 배탈	
23	훔치다	
24	진실, 사실	
25	목, 인후	

Name: _____ Date: _____ Score: _____

● 우리말은 영어로, 영어는 우리말로 빈칸을 완성하세요.

	단어	영어/우리말
1	watch	
2	wise	
3	anybody	
4	unlike	
5	type	
6	worse	
7	underground	
8	worry	
9	wire	
10	anger	
11	able	
12	account	
13	west	
14	특이한, 드문	
15	논쟁, 말다툼, 논거	
16	믿을 수 없는	
17	제안	
18	목표, 목적, 목표로 삼다	
19	추가, 덧셈	
20	수족관	
21	가치 없는	
22	사과, 사죄	
23	대사, 사절	
24	상, 상금, 수여하다	
25	구급차	

Name: _____ **Date:** _____ **Score:** _____

● 우리말은 영어로, 영어는 우리말로 빈칸을 완성하세요.

	단어	영어/우리말
1	usual	
2	attract	
3	weigh	
4	beg	
5	behave	
6	tap	
7	ashamed	
8	argue	
9	banner	
10	beat	
11	burning	
12	breathe	
13	awake	
14	관심, 주의	
15	성취하다, 달성하다	
16	이용 가능한	
17	발표하다	
18	존경하다, 감탄하다	
19	인공의, 인위적인	
20	배경	
21	영향을 주다	
22	운동선수	
23	감사하다, 감상하다	
24	남극, 남극의	
25	조언하다	

Name: _____ **Date:** _____ **Score:** _____

● 우리말은 영어로, 영어는 우리말로 빈칸을 완성하세요.

	단어	영어/우리말
1	bit	
2	aboard	
3	badly	
4	anytime	
5	bend	
6	chain	
7	bubble	
8	cheat	
9	blend	
10	bet	
11	base	
12	battle	
13	anywhere	
14	믿음, 신념	
15	시작, 처음	
16	뺨, 볼	
17	수도, 대문자, 자본	
18	의논하다	
19	~의 곁에, ~ 옆에	
20	예산	
21	가지, 지점	
22	탄생, 출산	
23	비록 ~일지라도	
24	생물학	
25	참다	

Name: _____ **Date:** _____ **Score:** _____

● 우리말은 영어로, 영어는 우리말로 빈칸을 완성하세요.

	단어	영어/우리말
1	concrete	
2	chin	
3	compete	
4	chest	
5	bump	
6	compose	
7	chief	
8	comment	
9	cheerful	
10	challenging	
11	coast	
12	chop	
13	chemical	
14	굴뚝	
15	위로, 편안함, 위로하다	
16	건설, 공사	
17	정복하다	
18	자신 있는, 확신하는	
19	불평하다	
20	면, 목화	
21	명령, 명령하다	
22	수집, 수집품	
23	합창단, 성가대	
24	상담역, 고문	
25	칼럼, 기둥	

Name: _____ **Date:** _____ **Score:** _____

● 우리말은 영어로, 영어는 우리말로 빈칸을 완성하세요.

	단어	영어/우리말
1	concern	
2	couple	
3	direct	
4	downward	
5	drawing	
6	dig	
7	death	
8	damage	
9	correct	
10	degree	
11	disposable	
12	crack	
13	differ	
14	헌신	
15	관습	
16	우울한, 의기소침한	
17	거리	
18	묘사하다, 설명하다	
19	배달하다	
20	결정, 결심	
21	충돌, 충돌하다	
22	사전	
23	세부 사항	
24	~에 달려 있다[의존하다]	
25	불리, 불리한 점	

Name: _____ Date: _____ Score: _____

● 우리말은 영어로, 영어는 우리말로 빈칸을 완성하세요.

	단어	영어/우리말
1	duty	
2	endless	
3	fantasy	
4	earn	
5	east	
6	evil	
7	dive	
8	electric	
9	extreme	
10	dust	
11	disagree	
12	embarrass	
13	familiar	
14	선거, 투표	
15	탈출, 탈출하다	
16	영향, 효과	
17	전기	
18	초등의, 기본의	
19	텅 빈	
20	추가의, 여분의, 추가로	
21	전시	
22	비용, 지출	
23	당황하게 하다	
24	에스컬레이터	
25	사라지다	

Name: _____　　Date: _____　　Score: _____

● 우리말은 영어로, 영어는 우리말로 빈칸을 완성하세요.

	단어	영어/우리말
1	form	
2	fourth	
3	exchange	
4	fat	
5	former	
6	exactly	
7	fever	
8	fax	
9	forward	
10	final	
11	flow	
12	forecast	
13	flight	
14	어느 한쪽의, 어느 한쪽	
15	분수	
16	검지, 집게손가락	
17	잘못, 책임, 결점	
18	벼룩	
19	전자의	
20	유행하는, 고급의	
21	행운, 부	
22	두려움, 공포, 두려워하다	
23	실험, 시도, 실험하다	
24	주먹	
25	깃털	

Name: _____　　**Date:** _____　**Score:** _____

● 우리말은 영어로, 영어는 우리말로 빈칸을 완성하세요.

	단어	영어/우리말
1	gap	
2	have to	
3	grain	
4	global	
5	hardly	
6	fur	
7	garage	
8	haircut	
9	gas station	
10	found	
11	gently	
12	frightened	
13	golden	
14	모임	
15	정부	
16	성장, 증가	
17	절반에, 중간에	
18	천재	
19	손잡이, 다루다	
20	글씨, 필체	
21	점차로, 차차	
22	관대한, 후한	
23	냉동고, 냉동실	
24	존재하다	
25	그래프	

Name: _____ **Date:** _____ **Score:** _____

● 우리말은 영어로, 영어는 우리말로 빈칸을 완성하세요.

	단어	영어/우리말
1	host	
2	honest	
3	highway	
4	idiom	
5	inform	
6	hunger	
7	happiness	
8	huge	
9	harmony	
10	illness	
11	hatch	
12	imagination	
13	hockey	
14	허리케인, 폭풍	
15	불가능한	
16	침략하다, 침해하다	
17	주저하다, 망설이다	
18	항구	
19	수확, 수확물, 수확하다	
20	고무하다, 격려하다	
21	바보, 멍청이	
22	포옹, 껴안다, 포옹하다	
23	키, 높이	
24	얼다, 동결하다	
25	인상	

Name: _____ **Date:** _____ **Score:** _____

● 우리말은 영어로, 영어는 우리말로 빈칸을 완성하세요.

단어		영어/우리말
1	journal	
2	knock	
3	layer	
4	intention	
5	landmark	
6	inventive	
7	income	
8	interview	
9	limit	
10	impress	
11	item	
12	itself	
13	knee	
14	지시, 설명	
15	영향, 영향을 끼치다	
16	차기, 킥, 차다	
17	상상력이 풍부한	
18	길이	
19	정의, 재판	
20	도구, 악기	
21	나머지, 남은 것	
22	인상적인	
23	보이지 않는	
24	소개	
25	기대다, 의지하다	

Name: _____ Date: _____ Score: _____

● 우리말은 영어로, 영어는 우리말로 빈칸을 완성하세요.

	단어	영어/우리말
1	magnet	
2	medium	
3	into	
4	locker	
5	mask	
6	method	
7	limited	
8	lifetime	
9	manage	
10	liter	
11	master	
12	Mars	
13	liquid	
14	손실, 손해	
15	우편, 메일, (우편으로) 보내다	
16	전공, 전공하다, 주요한	
17	척도, 측정하다, 재다	
18	암기하다	
19	폐, 허파	
20	거의, 가까이	
21	전자레인지	
22	생생한, 활기찬	
23	생활 방식	
24	최고, 최대, 최고의, 최대의	
25	수단, 방법, 재산	

Name: _____   **Date:** _____   **Score:** _____

● 우리말은 영어로, 영어는 우리말로 빈칸을 완성하세요.

단어	영어/우리말
1	mission	
2	musician	
3	niece	
4	nod	
5	misunderstand	
6	multiply	
7	official	
8	opportunity	
9	orchestra	
10	observe	
11	monthly	
12	limitless	
13	motto	
14	북쪽의	
15	나라, 국가	
16	~에 오르다[타다]	
17	이주하다	
18	동기를 부여하다	
19	근육	
20	운영, 수술	
21	선택	
22	복종하다	
23	발생하다, 일어나다	
24	현대의	
25	요즘	

Name: _____ Date: _____ Score: _____

● 우리말은 영어로, 영어는 우리말로 빈칸을 완성하세요.

	단어	영어/우리말
1	pity	
2	palm	
3	pardon	
4	poem	
5	organic	
6	pole	
7	ourselves	
8	pants	
9	pile	
10	plenty	
11	peasant	
12	package	
13	overweight	
14	신체의, 육체의	
15	행성	
16	열정	
17	기구, 조직	
18	마비시키다	
19	껍질, 껍질을 벗기다	
20	속도	
21	사진사, 사진작가	
22	독의, 독성의	
23	성격, 개성	
24	기원, 출신	
25	설득하다	

Name: _____   **Date:** _____   **Score:** _____

● 우리말은 영어로, 영어는 우리말로 빈칸을 완성하세요.

단어		영어/우리말
1	poet	
2	praise	
3	producer	
4	professional	
5	pure	
6	power	
7	pork	
8	provide	
9	pollution	
10	prison	
11	police	
12	progress	
13	pose	
14	휴대용의	
15	출판하다	
16	인기	
17	조직하다, 준비하다, 정리하다	
18	발표	
19	소중한	
20	보호	
21	속담	
22	사적인, 개인적인	
23	실용적인	
24	막다, 예방하다	
25	현실적인, 사실적인	

Name: _____ **Date:** _____ **Score:** _____

● 우리말은 영어로, 영어는 우리말로 빈칸을 완성하세요.

	단어	영어/우리말
1	powerful	
2	recover	
3	reflect	
4	root	
5	purse	
6	riverbank	
7	rise	
8	recently	
9	search	
10	remove	
11	rainforest	
12	practically	
13	shock	
14	급속히, 빠르게	
15	위기, 위험, 모험하다	
16	추천하다	
17	영수증	
18	4분의 1	
19	대표하다, 나타내다	
20	보호하는	
21	책임이 있는	
22	대답, 회답, 대답하다	
23	자원, 자산	
24	재활용 가능한	
25	시, 운문	

Name: _____   Date: _____   Score: _____

● 우리말은 영어로, 영어는 우리말로 빈칸을 완성하세요.

	단어	영어/우리말
1	sale	
2	shine	
3	salty	
4	row	
5	shark	
6	reuse	
7	runny	
8	senior	
9	scout	
10	routine	
11	shelter	
12	rubber	
13	sheep	
14	요구하다, 필요하다	
15	가위	
16	제공하다	
17	안전하게	
18	힘든, 거친	
19	참깨	
20	만족한	
21	대본, 원고	
22	회전하다, 교대하다	
23	경치, 풍경	
24	따로, 분리하여	
25	(인공)위성, 위성 도시	

Name: _____   Date: _____   Score: _____

● 우리말은 영어로, 영어는 우리말로 빈칸을 완성하세요.

	단어	영어/우리말
1	skip	
2	soda	
3	slow	
4	sleeve	
5	sneakers	
6	slip	
7	spin	
8	sixteen	
9	slice	
10	spray	
11	sincere	
12	soil	
13	rub	
14	어딘가에	
15	군인	
16	질병, 병	
17	흩뿌리기, 뿌리다	
18	노예	
19	태양의	
20	원천, 출처	
21	압박, 압축, 짜내다	
22	조용한	
23	확산, 퍼뜨리다, 바르다	
24	날씬한	
25	관광	

Name: _____   Date: _____   Score: _____

● 우리말은 영어로, 영어는 우리말로 빈칸을 완성하세요.

	단어	영어/우리말
1	span	
2	spirit	
3	suffer	
4	talented	
5	steel	
6	spider	
7	summit	
8	spare	
9	staff	
10	studio	
11	stress	
12	stretch	
13	supper	
14	무설탕의	
15	힘, 강점	
16	빼다, 공제하다	
17	시금치	
18	가치 있는	
19	살아남다	
20	자외선 차단 크림	
21	잠수함	
22	경기장, 운동장	
23	치기, 타법, 뇌졸중	
24	종, 종류	
25	구조, 구성	

Name: _____　　　**Date:** _____　　　**Score:** _____

● 우리말은 영어로, 영어는 우리말로 빈칸을 완성하세요.

	단어	영어/우리말
1	switch	
2	there	
3	swimsuit	
4	thumb	
5	tide	
6	sweat	
7	toward	
8	temple	
9	thief	
10	tasty	
11	textbook	
12	surf	
13	tomb	
14	~보다	
15	화장실, 변기	
16	표면, 수면	
17	수건	
18	표시	
19	계곡, 골짜기	
20	공급, 물품, 공급하다	
21	치통	
22	사려 깊은	
23	생각하다, ~인 것 같다	
24	망원경	
25	상징하다, 나타내다	

Name: _____ **Date:** _____ **Score:** _____

● 우리말은 영어로, 영어는 우리말로 빈칸을 완성하세요.

	단어	영어/우리말
1	tribe	
2	value	
3	vitamin	
4	vivid	
5	thought	
6	unit	
7	tire	
8	upper	
9	various	
10	symbol	
11	twist	
12	unfair	
13	trust	
14	우주선	
15	시력, 꿈, 비전	
16	태풍, 폭풍	
17	비극, 참사	
18	우주, 세계	
19	승리, 성공	
20	지갑	
21	예기치 않은, 예상 밖의	
22	쓸모없는	
23	불안한, 불편한	
24	불쾌한	
25	열대의	

Name: _____ **Date:** _____ **Score:** _____

● 우리말은 영어로, 영어는 우리말로 빈칸을 완성하세요.

	단어	영어/우리말
1	vote	
2	would	
3	youth	
4	humid	
5	wetland	
6	word	
7	confused	
8	wheel	
9	worm	
10	well-done	
11	white	
12	awful	
13	credit	
14	웹사이트	
15	전망, 관점, 보다	
16	기진 맥진한, 녹초가 된	
17	부유한	
18	가치, ~의 가치가 있는	
19	기념일	
20	어색한, 서투른	
21	잘 알려진, 유명한	
22	방수의	
23	무시하다	
24	사려 깊은	
25	흉내 내다, 모방하다	

Name: _____ **Date:** _____ **Score:** _____

● 우리말은 영어로, 영어는 우리말로 빈칸을 완성하세요.

	단어	영어/우리말
1	beauty	
2	transfer	
3	brain	
4	logical	
5	selfish	
6	yet	
7	succeed	
8	trade	
9	standard	
10	retire	
11	sweep	
12	marry	
13	attitude	
14	결혼	
15	교장, 주요한	
16	편안해지다, 쉬다	
17	입구	
18	위협하다, 협박하다	
19	포함하다	
20	화산	
21	인구	
22	지적인	
23	날것의, 익히지 않은	
24	폭력적인	
25	접다, 개다, (팔을) 끼다	

교과서가
보이는
40일
완성

필수 중학
영단어 2

NE 능률